Die letzten Stunden Walter Benjamins

Eine Rekonstruktion und eine Wanderung

Marcel Raabe

Trottoir Noir Skizzenbücher #13 Essay

Vorbemerkung

Im Spätsommer 2015 stand ich vor Dani Karavans Walter-Benjamin-Denkmal am Friedhof von Portbou.[1] Eine verirrte Fahrplanauskunft hat mich hergeführt, eigentlich wollte ich nach Bilbao. Dass Portbou nicht an der Strecke liegt, fiel mir erst später auf. Hier hat sich Walter Benjamin vergiftet. Es ist der Endpunkt einer Flucht, die in New York erst hätte enden sollen. Unschärfen begleiten diesen Tod. Über das Sterbedatum herrscht Verwirrung. Benjamin wird katholisch beigesetzt, obwohl er Jude ist. Die Zeug:innen scheinen sich zu widersprechen. Voll mit Morphium soll er noch gesprochen haben, 24 Stunden später erst gestorben sein. Was ist mit dem letzten Manuskript, das er in einer Aktentasche über die Berge schleppte?

Nun war ich einmal da. Den „Chemin Walter Benjamin“ kann man heute als Wanderstrecke laufen, von Banyuls-sur-Mer in Frankreich aus. Wegen ungünstiger Zugverbindungen ging ich ihn umgekehrt: die eigentliche „Ruta Líster“, Fluchtroute der Spanienkämpfer nach Frankreich von 1939. Warum sollte man einen Wanderweg nicht in beide Richtungen laufen können? Es ging dann nicht. Jedenfalls habe ich es nicht geschafft. 2020, 80 Jahre nach Benjamins Tod, wollten wir das zu Ende bringen. Der pandemiebedingte Lockdown, der uns aus heiterem Himmel an den Wert aller Freizügigkeit erinnerte, verhinderte das. So begab ich mich mit dem Schriftgestalter Reymund Schröder auf eine Zimmerreise durch die Quellen, die von Benjamins letzten Stunden sprechen.

1 Die Schreibung des Ortsnamens Portbou variiert bis heute zwischen Port-Bou, Port Bou oder Portbou. Letztere ist heute geläufig. Da aber in den auch amtlichen Dokumenten zu Walter Benjamins Tod 1940 inkl. Vordrucken und Stempeln fast überall „Port-Bou" geschrieben wird (vgl. z.B. die Reproduktionen in I. Scheurmann/Neue Dok. 1992, S. 29 f., 46, 49, 51, 53 sowie Puttnies/Smith 1991, S. 31 [Totenregister, Amtsstempel]), übernehme ich meist diese Schreibung für diesen Text. Lediglich für den heutigen Ort verwende ich die Schreibung „Portbou", was an einigen Stellen hier im Text wechselnde Schreibweisen innerhalb eines Absatzes zur Folge hat. In Zitaten bleibt die Schreibung so wie an der zitierten Stelle.

Sie lassen sich nur als Echolot ergründen: Brieffragmente, Amtspapiere, mündliche Erzählungen, ein vernichteter Abschiedsbrief, Abschriften von Abschriften und spät geschriebene Lebenserinnerungen anderer. Die Widersprüche, die in ihnen stecken sollen… Es gibt sie nicht.

Der Text besteht nun aus drei Teilen: Teil I für die Vorgeschichte, den Kontext und die Einführung der Quellen. Teil II als die Rekonstruktion der letzten Stunden Walter Benjamins. Teil III für die Betrachtung einiger Teilaspekte und ein Resümee. Teil I und III werden ergänzt um einige Reisebilder meiner eigenen Wanderung bei Portbou.

Der Text als Ganzes hat zwei parallel laufende Spuren: Jeweils die linke Seite einer Doppelseite enthält die Textspur, die man als „Oberfläche“ bezeichnen kann. Diese Spur lässt sich separat lesen, sie funktioniert alleine. Auf der rechten Seite einer Doppelseite verläuft die zweite Textspur mit den darunter liegenden Indizien und Quellen, die jeweils zu den Schlüssen auf der linken Seite führen. Diese Spur ist nicht so leicht separat zu lesen, insofern sie sich Ziffer um Ziffer auf den linken Teil bezieht. Insbesondere im Teil II, der Rekonstruktion, ist das der Ort für die detaillierte Einordnung der vorliegenden Quellen: der Zettelberg, der zu durchqueren ist. Die Literatur- und Querverweise sind zur besseren Übersicht und Lesbarkeit des Textes leichter abgesetzt.

Marcel Raabe

Teil 1

Erinnerungstafeln markieren vier oder fünf Walter-Benjamin-Orte in Portbou. Ich starre ein paar Minuten auf ein Haus mit Dönerbude und versuche mir vorzustellen, dass er darin gestorben ist. Der Kartenausschnitt auf den Tafeln bezeichnet den Bahnhof, ein Haus sowie den Friedhof mit Dani Karavans Gedenkstätte „Passagen". Bei der Pension, in der Benjamin starb, wird der Plan unpräzise und führt den Strich nur vage durchs Quartier. Ich ahne, dass das Gebäude nicht mehr steht. Sie haben direkt dahinter gerade jetzt eins abgerissen. Vielleicht weiß auch keiner mehr, welches es gewesen ist. Erst am nächsten Tag, jetzt in der Dönerbude, ich warte dösend auf das Essen, bleibe ich an der Plakette am Haus gegenüber hängen. Zwei Kacheln mit einer runden Nickelbrille drauf, ach so. Das ehemalige Hotel de Francia, jetzt ein renoviertes Wohnhaus in Orange. Ein Rolltor führt in die Garage. Die Plakette erinnert an Benjamin und seine Brille. Auf zwei Kacheln. Die Brille ist zerbrochen.

Dani Karavan: „Passagen"

Der 1994 eingeweihte Gedenkort für Walter Benjamin auf dem Friedhof von Portbou:

— Erste Passage

In den Felsen eingelassener Korridor aus Cortenstahl, Treppe, ausgerichtet auf einen in der Bucht gelegenen Wasserwirbel. Am unteren Ende von einer Glasplatte verschlossen, mit der Inschrift: „Schwerer ist es, das Gedächtnis des [der] Namenlosen zu ehren als das der Berühmten. Dem Gedächt-

nis der Namenlosen ist die historische Konstruktion geweiht.“ (Walter Benjamin: Gesammelte Schriften, Band I/3, S. 1241.)

— Zweite Passage
Eisenbahnspur und Steinmauer. Eine Barriere.

— Dritte Passage
Olivenbaum. Er kämpft an der Friedhofswand ums Überleben. Stahltreppe.

— Vierte Passage
Quadratische Plattform mit Stahlwürfel hinter der Friedhofsmauer. Blick auf die Landschaft, unterbrochen vom Maschendrahtzaun.

Symbolischer Grabstein mit der Inschrift: „Es ist niemals ein Dokument der Kultur, ohne zugleich ein solches der Barbarei zu sein.“ (These VII in: Walter Benjamin: Über den Begriff der Geschichte. Gesammelte Schriften, Band I/2, S. 696.) Der Stein ist nicht Teil von Karavans Arbeit.

Ehemaliges Hotel de Francia

Gedenktafel am Sterbehaus

Erste Passage

Schacht

Zweite Passage

Dritte Passage

Vierte Passage

Symbolischer Grabstein

Paris, Vernuche, Lourdes, Marseille, Port-Bou. Walter Benjamin im Exil

Am 17. März 1933 ging Benjamin auf Drängen von Gretel Karplus[2] von Berlin nach Paris ins Exil.[3] Im Lesesaal der Pariser Bibliothèque nationale tüftelte er fortan u.a. am Passagenwerk und lebte meist von einem kleinen Obolus, den das nach New York emigrierte Institut für Sozialforschung ihm zahlte. Seine Lage blieb prekär, aber er reiste nach San Remo zu seiner Ex-Frau Dora, spielte Schach mit Bertolt Brecht in Dänemark, auch, weil der Lebensunterhalt an den Reisezielen oft günstiger war als in Paris. An den zahlreichen sich in Paris etablierenden Exilstrukturen und -organisationen beteiligte er sich kaum.[4] Am 23. Februar 1939 wurde bei der Geheimen Staatspolizei in Berlin die „Aberkennung der deutschen Staatsangehörigkeit" für Walter Benjamin beantragt. „Begründung: Benjamin war für die im Jahre 1936 in Moskau neu erschienene Monatsschrift ‚Das Wort' als Mitarbeiter tätig."[5] Seit 31. Dezember 1937 wohnte er nach vielen Umzügen in der Pariser Rue Dombasle Nr. 10,[6] als Nachbar von Arthur Koestler und Daphne Hardy, Lore Krüger, Fritz Fränkel sowie Hans und Eva Ekstein[7] – dem Bruder und der Schwägerin von Lisa Fittko.

Am 23. August 1939 schlossen das Deutsche Reich und die Sowjetunion den Nichtangriffspakt. Am 1. September 1939 marschierte die Wehrmacht in Polen ein. Frankreich und Großbritannien forderten den Rückzug der deutschen Truppen. Das Ultimatum verstrich am 3. September, Frankreich

2 Gretel Karplus heiratete 1937 Theodor W. Adorno.

3 Vgl. I. Scheurmann/Exil 1992, S. 75.

4 Vgl. ebd., S. 83 ff. Benjamins Schwierigkeiten, in Paris Fuß zu fassen und Kontakte zu anderen Exilierten zu knüpfen, beschreibt auch Palmier (vgl. Palmier 2009, S. 554 ff., 570 f.).

5 Die Reproduktion des Antragsschreibens wird in dem von Ingrid und Konrad Scheurmann herausgegebenen Band „Für Walter Benjamin" abgedruckt (I. & K. Scheurmann/Für WB 1992; I. Scheurmann/Exil 1992, S. 108 f.).

6 Ingrid Scheurmann hat eine datierte Liste einiger seiner Adressen in Paris und auf Reisen zwischen 1933 und 1940 zusammengetragen (vgl. I. Scheurmann/Exil 1992, S. 80). Sein Biograf Jean-Michel Palmier gibt an, dass er ab Januar 1938 an dieser Adresse lebte (vgl. Palmier 2009, S. 565). Laut Scheurmanns Adressliste ist er ab 6. Januar bereits wieder in San Remo.

7 Vgl. Krüger 2015 in: Wizisla 2015, S. 249–252. Das originale Interview von Christian Buckard mit Lore Krüger in der Jüdischen Allgemeinen vom 16.11.2006, auf das der Text dort zurückgeht, ist online verfügbar unter www.juedische-allgemeine.de/allgemein/wir-nannten-ihn-wald-geist [letzter Zugriff 02.09.2020].

stand nun mit Deutschland im Krieg. Mit diesem Tag hatten sich Deutsche und Österreicher in Frankreich als „feindliche Ausländer" an Sammelstellen einzufinden.[8] In Paris wurden sie im Stade Olympique Yves-du-Manoir in Colombes interniert, ohne dass zwischen Freunden und Feinden unterschieden worden wäre, am 4. oder 5. September 1939[9] auch Benjamin, bevor er nach Vernuche bei Nevers gebracht wurde.[10] Aus Vernuche wurde Benjamin im November entlassen. Am 25. November erreichte er Paris und setzte sich wieder in die Nationalbibliothek.[11] Im Januar 1940 erneuerte er seinen Bibliotheksausweis.[12]

Die „Drôle de guerre" genannte Phase, in der offiziell Krieg herrschte, aber keine Kampfhandlungen stattfanden, endete mit dem Beginn des deutschen Westfeldzuges am 10. Mai 1940.[13] Es folgte eine neue Internierungswelle deutscher Emigrant:innen, die nun auch Frauen einschloss. Benjamin blieb auf Intervention einflussreicher französischer Kontakte davon verschont. Am 14. Juni war die Wehrmacht in Paris.[14] Benjamin floh nach Lourdes. „Mit dem letzten Zug, der Paris verließ, gelang es ihm mitzufahren. Er hatte nichts bei sich als eine kleine Koffertasche mit zwei Hemden und Zahnbürste",[15] schrieb Hannah Arendt 1941 an Gershom Scholem. Das Archiv seiner Materialien – die aus Berlin geretteten sowie die seit 1933 hinzugekommenen Unterlagen – zerfiel in drei Teile. Georges Bataille versteckte das wichtigste Konvolut inklusive der Aufzeichnungen zum Passagenwerk in der Biblio-

8 Vgl. z.B. Palmier 2009, S. 601 f.

9 Vgl. Ott 1990, S. 291. Bei den Biografen Howard Eiland und Michael W. Jennings ist es der 9. September, „or a few days after" (Eiland/Jennings 2014, S. 647). Dem widerspricht der Bericht von Max Aron, der am 5. September im Stade de Colombes eintraf. Da ist ihm Benjamin schon aufgefallen (vgl. Aron 2015 [1977/2000], S. 263, 265 f.).

10 Vgl. zu diesem Aufenthalt die Berichte von Hans Sahl 1992 [1966] und Max Aron 2015 [1977/2000].

11 Vgl. Ott 1990, S. 297. Zum Datum vgl. auch Palmier 2009, S. 605, und Eiland/Jennings 2014, S. 653.

12 Die farbige (oder kolorierte) Reproduktion des Bibliotheksausweises mit Passbild und Adresse wird in dem Band „Benjaminiana" von Hans Puttnies und Gary Smith abgedruckt (Puttnies/Smith 1991, S. 213).

13 Zum Komplex „Paris unterm Hakenkreuz" erschien jüngst eine Monografie von Kersten Knipp unter diesem Titel (vgl. Knipp 2020; zum Beginn des Westfeldzuges vgl. ebd., S. 124 f.).

14 Vgl. ebd., S. 130.

15 Brief von Hannah Arendt an Gershom Scholem am 17. Oktober 1941 (Arendt/Wizisla 2015 [1941], S. 325).

thèque nationale. Ein zweiter Teil gelangte über Umwege wahrscheinlich zurück an Benjamin in Lourdes und wurde schon 1941 Theodor W. Adorno in den USA überbracht. Der dritte, in der Pariser Wohnung verbliebene Rest fiel in die Hände der Gestapo. Nur ein Teil davon überstand den Krieg und gelangte später in die DDR.[16]

Ab 16. Juni 1940 bildete sich eine neue französische Regierung unter Philippe Pétain, zunächst in Bordeaux, ab Juli in Vichy im unbesetzten Teil Frankreichs.[17] Der am 22. Juni zwischen dem Deutschen Reich und Frankreich geschlossene Waffenstillstandsvertrag enthielt mit dem Artikel 19 eine Klausel, die Frankreich dazu verpflichtete, alle vom Deutschen Reich namhaft gemachten Personen auszuliefern. Damit saßen alle deutschen und österreichischen Exilant:innen sowie viele weitere „unerwünschte" Personen unterschiedlicher Herkunft in Frankreich in der Falle. Der Vertrag trat am 25. Juni in Kraft.

Benjamin, der lange mit der Auswanderung in die USA haderte, bemühte sich mit Hilfe des Institutes für Sozialforschung endlich um ein Visum für die Vereinigten Staaten. Da die Zeit knapp wurde, gab es Überlegungen über eine Zwischenstation in der Schweiz. In Genf war Juliane Favez die Sekretärin des Institutes. Die Dependance war der Knotenpunkt einer nurmehr indirekt möglichen Postkommunikation mit dem Hauptsitz in New York.[18] Am 3. August wurde Favez von Friedrich Pollock aus dem Institut per Telegramm dazu angehalten, Benjamin

16 Vgl. Ott 1990, S. 329–332; Eiland/Jennings 2014, S. 667 f. Vgl. auch Schöttker 1999, S. 105–108. **Detlev Schöttker wertet das mutmaßliche Manuskript aus Benjamins Aktentasche, die er später in Port-Bou dabeihatte, als einen vierten Teil.**

17 Vgl. Knipp 2020, S. 130, 175.

18 Vgl. Ott 1990, S. 308.

dringend nach Marseille zu beordern. Dort lägen seine Reisevisen für die Vereinigten Staaten bereit – ein Non-Quota-Visum, d.h. außerhalb der ansonsten streng limitierten Einreisekontingente in die USA. Benjamin erreichte Marseille zwischen 16. und 20. August.[19] Im September traf auch Hannah Arendt dort ein. Da hatte Benjamin „bereits das berühmte spanische und natürlich das portugiesische Transit“, schrieb Arendt an Scholem. „Das spanische Visum war gerade noch acht oder zehn Tage gültig, als ich ihn wiedersah. Ein visa de sortie zu bekommen, war damals vollkommen aussichtslos.“[20] Arendt trieb ihn zur Eile, „da damals spanische Visen nicht mehr verlängert wurden.“[21] Benjamin macht sich auf in die Berge.

Ein Eisenbahntunnel verbindet die beiden Grenzorte Cerbère in Frankreich und Portbou in Spanien. In den Ländern fahren die Züge auf unterschiedlichen Spurweiten, weshalb die Haltepunkte hier wie dort zu großen Umladebahnhöfen aufgeblasen sind. Von oben sieht es dann so aus, als läge neben den Siedlungen je noch einmal eine kleine Stadt. Ich rechne hin und her. Die Zugverbindungszeiten bis nach Banyuls sind spurwechselbedingt zu miserabel, und so gehe ich nicht den Weg, den Benjamin ging: von Banyuls-sur-Mer nach Port-Bou, sondern umgekehrt die Líster-Strecke.[22]

Ein weiterer Tunnel führt aus Portbou hinaus, unter den Eisenbahnanlagen hindurch ins Hinterland. Ich denke an Benjamins Russlandreise und sein

19 Vgl. ebd., S. 308 f.

20 Arendt/Wizisla 2015 [1941], S. 326.

21 Ebd.

22 Die „Ruta Líster“, benannt nach Enrique Líster, einem kommunistischen Offizier im spanischen Bürgerkrieg, war einer der Fluchtwege der geschlagenen republikanischen Armee entlang eines alten Schmugglerpfades nur anderthalb Jahre zuvor in umgekehrter Richtung: von Spanien nach Frankreich. Dass der später so genannte Fittko-Weg nicht ganz identisch ist mit der Ruta Líster, stellt Manuel Cussó-Ferrer fest (vgl. Cussó-Ferrer 1992, S. 160). Das Schicksal der nach 1939 in Frankreich internierten Spanienkämpfer ist ebenfalls erschütternd. Viele von ihnen sowie eine erhebliche Zahl auch ziviler spanischer Geflüchteter starben in den französischen Lagern an Krankheiten und Hunger oder wurden nach dem Waffenstillstand mit dem Deutschen Reich in dessen Konzentrationslager deportiert. Manche kehrten in das nun franquistische Spanien zurück, wo statt einer Amnestie ebenfalls Hinrichtungen und Internierungen in Konzentrationslagern stattfanden. Arthur Koestler, der 1941 in „Scum of the Earth“ (Koestler/Scum 2006 [1941]) von seinem eigenen Lagerleben in Frankreich berichtet, erzählt von Extrabaracken für die „Spaniards“. In der Lagerhierarchie standen sie am unteren Ende, Franco-Spanien konnte für sie keine Rettung sein, Frankreich interessierte sich nicht für sie, die Sowjetunion hat sie verraten. Als die Gestapo kam, war das für viele das Ende.

Moskauer Tagebuch. Darin ist nichts verkünstelt, metaphorisch nichts verstellt. Er reist der großen Liebe Asja Lācis hinterher, die mit Bernhard Reich zusammen ist. Sie ist im Sanatorium wegen unbestimmter Nervenleiden, und Benjamin teilt zeitweise mit Reich das Zimmer. Im Liebeskummer streift er nun durch Moskau, grübelt, kauft Papierspielzeug und versucht, sich einen Reim auf Asja und die kaum zehn Jahre alte Sowjetunion zu machen. Die Revolution ist noch immer auf der Suche nach der Form. Lenin-Merchandising-Läden treten das ikonografische Erbe der orthodoxen Heiligenbilder an. Das Buch – so ehrlich wie profan in den Stenogrammen dieser simplen, an ihrer Nichterfüllung leidenden Liebe; Protokoll von Asjas schlechter Laune, die bleischwer in die Herzen des Gekränkten wie der Leser:innen sinkt vor der Kulisse des winterlichen Moskaus. Das Ausgeliefert- und Zurückgeworfensein aufs Essenzielle, die Kräfte, die uns erbarmungslos zu Boden ziehen, die Liebe und der Tod… Moskau und Port-Bou; Strapazen körperlicher wie emotionaler Natur. (Die Bedeutungsschwere schreibe ich der Anstrengung meines Aufstiegs zu, während der Weg obskur, die Kreuzungen unbezeichnet werden. Es ist ja nicht nur dieser Berg, der zu besteigen ist. Zettelberge sind zu überwinden, um sich freie Sicht zu schaffen.)

Die bekannten Quellen zu Benjamins letzten Stunden
Am 15. Mai 1980 erhielt Lisa Fittko[23] einen Anruf von Gershom Scholem.[24] Sie hatte vor zwei Monaten bei einer Begegnung im Haus ihrer Nichte in Stanford,

23 Lisa Fittko wurde 1909 geboren und starb 2005 in Chicago. Seit 1933 im Exil, halfen sie und ihr Mann Hans Fittko 1940/41 zahlreichen Emigrant:innen von Frankreich nach Spanien über die Grenze.
24 Vgl. Scholems Vorrede zu Lisa Fittko: „Der alte Benjamin". In: Merkur. Deutsche Zeitschrift für Europäisches Denken, Nr. 403, Januar 1982, S. 35 ff., das Datum S. 36.

Kalifornien, dem Londoner Professor Chimen Abramsky die Story von Benjamins Flucht erzählt. 40 Jahre zuvor half sie dem flüchtenden Philosophen mit einer schweren Aktentasche über die Pyrenäen. Abramsky schrieb das an Scholem. Scholem wollte es genauer wissen. „Wenigstens das Manuskript, an dem ihm so viel lag, wurde gerettet“,[25] sprach Fittko nun ins Telefon und berichtete später:

> „‚Das Manuskript existiert nicht‘, sagte Scholem. ‚Bis heute hat nie jemand davon gehört. Sie müssen mir alle Einzelheiten erzählen, es muss danach gesucht werden –‘
> Die Stimme spricht weiter, aber ich höre nur: Das Manuskript ist verschwunden. Und all diese Jahre hatte ich einfach angenommen, es sei gerettet worden.
> Kein Manuskript. Niemand weiß etwas von der schweren schwarzen Tasche mit dem Werk, das für Benjamin wichtiger war als alles andere.“[26]

Der Verlust dieser Aktentasche, von der klarzustellen Lisa Fittko sich eines Tages genötigt sieht, dass sie garantiert kein Koffer war,[27] wird ein eigenständiger Forschungsmythos. Die Tasche tauchte nie wieder auf. Scholem vermutete die Endversion des Passagenwerks darin und kam zu dem Schluss, Benjamins Begleiterin Henny Gurland[28] müsse das Manuskript zusammen mit dem Abschiedsbrief vernichtet haben.[29] Benjamins späterer Herausge-

25 Fittko/Pyrenäen 2015 [1985], S. 155.
26 Ebd.
27 Vgl. das Interview, das Katrin Seybold und Catherine Stodolsky mit Lisa Fittko für das Hörfunkfeature „Lisa Fittko, Chicago 2000" führten. Michael Farin, Katrin Seybold, Bayrischer Rundfunk 2006.
28 Henny Gurland wurde 1900 geboren. Walter Benjamin lernte sie vermutlich erst in Marseille kennen. Sie heiratete 1944 Erich Fromm und starb 1952 in Mexiko (vgl. Tiedemann 1983, S. 1202; Wizisla 2015, S. 351). Gurland übermittelte die letzte Nachricht Benjamins an Theodor W. Adorno, musste das Original jedoch noch in Port-Bou vernichten.
29 Scholem/Merkur 1982, S. 37: „So beendete sie [Fittko] im November 1980 die hier vorliegende Aufzeichnung, die mir von hoher Wichtigkeit scheint und die es fast unumgänglich macht, die Existenz einer Niederschrift Benjamins, in der er seine Gedanken über das geplante Hauptwerk endgültig formuliert hat, anzunehmen, obwohl es schwer ist, der Folgerung auszuweichen, daß Frau Gurland aus Gründen, die mit Ereignissen nach Benjamins Tod zusammenhängen, die sie in ihrem Brief nur dunkel angedeutet hat, dieses Manuskript vernichtet hat, zu dessen Rettung gerade dieser ganze Grenzübergang, von Benjamin aus gesehen, in Szene gesetzt worden war."

ber Rolf Tiedemann versuchte, ein bisschen ruhiger zu atmen. Er folgerte autosuggestiv: Wahrscheinlich war es eine Version der Thesen „Über den Begriff der Geschichte“, und die immerhin sind gerettet.[30] Bei Fittko wurde die Tasche umso schwerer, je öfter man sie danach fragte:

> „Du lieber Himmel, ich hatte alle Hände voll zu tun, meine kleine Gruppe bergauf zu führen; die Philosophie musste warten, bis wir über den Berg waren. Es kam darauf an, einige Menschen vor den Nazis zu retten, und da war ich nun mit diesem komischen Kauz, dem alten Benjamin, der sich unter keinen Umständen von seinem Ballast, von dieser schwarzen Ledertasche trennen würde. So mussten wir das Monstrum wohl oder übel über das Gebirge schleppen.“[31]

In der Forschung blieben Benjamins letzte Stunden so rätselhaft wie die Aktentasche; zu groß seien die Widersprüche, zu lückenhaft die Überlieferung. Beide Rätselhaftigkeiten scheinen sich gegenseitig zu begründen. Es folgt eine seit Jahrzehnten andauernde Puzzlearbeit, in der immer wieder neue Teile auftauchen, alte nicht mehr passen, weitere eher zu ganz anderen Bildern gehören oder nur gespiegelt Sinn ergeben. Einige Quellen liegen nur in Abschriften vor, manche geben vom Hörensagen die Nachrichten wieder, die unter den Emigrant:innen, auf der Flucht, zwischen Marseille und Lissabon,

30 Vgl. Tiedemann 1983, S. 1204 f.

31 Fittko/Pyrenäen 2015 [1985], S. 148 f. **Es gibt drei wichtige Versionen des Textes über Walter Benjamin unter der Führung Lisa Fittkos** (siehe Anmerkung 40 hier in diesem Text)**. Dieser Passus ist in allen drei Textversionen enthalten, wenn auch in leicht abgewandeltem Wortlaut. Nur in der Version der Zeitschrift Merkur ist er kursiv abgesetzt** (vgl. Fittko/Merkur 1982, S. 44; Fittko/Tiedemann 1983 [1980], S. 1189 f.)**.**

zwischen New York (Adorno) und Jerusalem (Scholem) zirkulierten. Ein Mosaik aus Schrift. Augenzeug:innenberichte und eine Akte geben Anhaltspunkte, wenn nicht für den Verbleib der Aktentasche, dann immerhin für einen „Ablauf". Aus den Zeugnissen von vier Frauen rekonstruiert sich das Geschehen Ende September 1940 aus erster Hand: Grete Freund,[32] Henny Gurland, Carina Birman[33] und Lisa Fittko – in der Reihenfolge der Entstehung ihrer Aufzeichnungen.

Mit Henny Gurland und ihrem Sohn José bricht Benjamin zur Überquerung der Pyrenäen auf, um durch das letzte Nadelöhr Frankreich nach Spanien zu verlassen und von Portugal aus in die USA zu entkommen.[34] Die Fluchthelferin Lisa Fittko führt sie vom französischen Banyuls-sur-Mer ins Gebirge bis hinter die französisch-spanische Grenze. Dort trifft die Gruppe auf Carina Birman, deren Schwester Dele, Sophie Lippmann[35] und Grete Freund. Fittko kehrt noch in den Bergen nach Frankreich um. Die beiden Gruppen um Benjamin und Birman erreichen am 25. September 1940 das spanische Port-Bou – und werden festgesetzt.

Am 9. Oktober 1940 schreibt **Grete Freund** von Lissabon aus einen Brief an eine unbekannte Person: Walter Benjamin hat sich vergiftet.[36]

32 Von Grete Freunds Biografie ist wenig bekannt. Sie war Mitarbeiterin der Exilzeitschrift „Das Neue Tage-Buch". „Das Tage-Buch" war eine Berliner Zeitschrift, die in Paris noch bis 1940 unter dem neuen Titel erschien. Die Nachlassdatenbank des Bundesarchivs nennt 1895 als Grete Freunds Geburtsjahr (www.bundesarchiv.de/nachlassdatenbank [letzter Zugriff 11.12.2020]).

33 Carina Birman wurde 1895 in Graz geboren. Sie arbeitete bis 1938 als Botschaftsrätin („Conseil Juridique") in der Österreichischen Botschaft in Paris und starb 1996 in New York (vgl. Duggan 2006, S. 23 f.; Wizisla 2015, S. 357).

34 Hannah Arendt schrieb an Gershom Scholem am 17. Oktober 1941 dazu: „Alles weitere werden Sie ja wissen: dass er mit ihm ganz fremden Menschen losziehen musste [...]" (Arendt/Wizisla 2015 [1941], S. 327). Dagegen Henny Gurland: „Ich habe mich in M. [Marseille] ziemlich mit ihm angefreundet und er fand mich geeignet als Reisepartnerin." (Gurland/Scholem 2016 [1940/1975], S. 279.)

35 Sophie Lippmann wurde 1885 in Breslau geboren und starb 1975 in New York (vgl. Duggan 2006, S. 22 ff.).

36 Ein Auszug dieses Briefes befindet sich als Abschrift in Adornos Nachlass. Ebenso wie Scholem setzte der alles daran, die Berichte über die Todesumstände wie den verstreuten Nachlass Benjamins insgesamt zu sammeln. Die Walter Benjamin betreffenden Abschnitte des Briefes in französischer Sprache sind im Apparat des von Rolf Tiedemann herausgegebenen „Passagen-Werkes" (GS V/2) abgedruckt, das 1982/83 bei Suhrkamp erschien (Grete Freund: Auszug

Ein Brief **Henny Gurlands**[37] schildert am 11. Oktober 1940 ebenfalls aus Lissabon die Ereignisse nach dem Grenzübertritt, in der Herberge und nach Benjamins Verscheiden.[38] Dann vergehen 35 Jahre. **Carina Birman** schreibt die Geschichte ihrer Flucht 1975 auf und vermacht die Blätter Sophie Lippmanns Tochter.[39]

eines Briefes an einen unbekannten Adressaten, Lissabon am 9.10.1940 [Französisch]. In: Rolf Tiedemann [Hg.]: Zeugnisse zur Entstehungsgeschichte. In: Walter Benjamin: Das Passagen-Werk. Zweiter Band. Frankfurt/Main 1983, S. 1194 f.). **Eine Übersetzung wurde 2015 in dem Sammelband „Begegnungen mit Walter Benjamin" von Erdmut Wizisla veröffentlicht** (Grete Freund: Brief an eine unbekannte Person, 1940 [Übersetzung aus dem Französischen]. In: Erdmut Wizisla [Hg.]: Begegnungen mit Walter Benjamin. Leipzig 2015, S. 348 ff.).

37 **Der Brief ist wahrscheinlich an Arkadi Gurland gerichtet, „Mitglied des Horkheimerschen Instituts"** (Scholem 2016 [1975], S. 279) **und ein Vetter ihres damaligen Mannes.**

38 **Auch aus diesem Brief findet sich ein Auszug als Abschrift in Adornos Nachlass. Adorno sandte die Abschrift schon 1941 an Scholem, der den Wortlaut 1975 in seinem Buch „Walter Benjamin – Die Geschichte einer Freundschaft" wiedergibt** (Henny Gurland: Aus einem Brief von Frau Gurland vom 11. Oktober 1940. In: Gershom Scholem: Walter Benjamin – die Geschichte einer Freundschaft. Berlin 2016 [1975], S. 279 ff.). **Die Abschrift wird ebenfalls in dem von Rolf Tiedemann besorgten Apparat des „Passagen-Werks"** (Henny Gurland: Auszug eines Briefes an A.[rkadi] Gurland, Lissabon am 11.10.1940. In: Walter Benjamin GS V/2, S. 1195 f.) **sowie in Wizislas Sammelband** (Henny Gurland: Wo mich niemand kennt. In: Erdmut Wizisla (Hg.): Begegnungen mit Walter Benjamin. Leipzig 2015 [1940], S. 351 ff.) **abgedruckt.**

39 **Der Bericht „The Narrow Foothold" ist damit wie der Text Lisa Fittkos erst Jahrzehnte nach den Ereignis-**

Die Hauptquelle für den ersten Teil des Wegs auf der französischen Seite liefert **Lisa Fittko**. Nach dem Anruf Scholems zeichnet sie 1980 ihre Erinnerungen auf.[40]

sen erinnert worden (Carina Birman: The Narrow Foothold. London 2006 [1975]). **Birman und Lippmann lebten seit 1936 zusammen in Paris und nach ihrer geglückten Flucht in New York. Nach Sophie Lippmanns Tod schrieb Birman diesen kurzen Text und übergab das Typoskript Lippmanns Tochter Barbara Friedländer** (vgl. Duggan 2006, S. 24). **Deren Tochter Kathy Duggan beteiligte sich 2006 schließlich an der Veröffentlichung** (vgl. Duggan/Caygill 2006, S. viii; Acknowledgements in: Birman 2006, S. iv). **In Deutschland ist in dem von Erdmut Wizisla herausgegebenen Sammelband erst 2015 eine Übersetzung in Auszügen erschienen** (Carina Birman: Müde der Verfolgung. Übersetzt von in-translations, Dresden. In: Erdmut Wizisla [Hg.]: Begegnungen mit Walter Benjamin. Leipzig 2015 [1975/2006], S. 357–368.). **Die Londoner Originalausgabe ist vergriffen.**

40 **Fittkos Text, der heute eine der Hauptquellen für die Rekonstruktion von Benjamins letzten Stunden ist, entstand erst 40 Jahre nach dem Ereignis. Auf Initiative von Gershom Scholem hin schrieb Fittko ihn 1980 nieder. Er liegt in verschiedenen Versionen vor. Rolf Tiedemann als einer der Herausgeber der Gesammelten Schriften Walter Benjamins gab 1982 die englische Originalversion vom November 1980 dem Apparat des „Passagen-Werkes“ bei** (Lisa Fittko: The Story of Old Benjamin. [Aufgezeichnet Nov. 1980.] In: Walter Benjamin GS V/2, S. 1184–1194). **Eine Übersetzung erschien kurz vorher 1982 in der Zeitschrift Merkur mit einer Vorrede Gershom Scholems** (Lisa Fittko: „Der alte Benjamin“. Flucht über die Pyrenäen. Aus dem Englischen übersetzt von Christoph Groffy. In: Merkur. Deutsche Zeitschrift für Europäisches Denken, Nr.

403, Januar 1982, S. 35–49). Schließlich wurde dieser Text 1985 mit leichten Bearbeitungen unter dem Titel „Der alte Benjamin" als Kapitel 7 Teil von Lisa Fittkos Erinnerungen: „Mein Weg über die Pyrenäen" (Lisa Fittko: Mein Weg über die Pyrenäen. Erinnerungen 1940/41. München 2015 [1985]. Diese Version auch bei Wizisla 2015, S. 328–343). Damit ist der Mythos der schwarzen Aktentasche in der Welt, die Benjamin über die Pyrenäen geschleppt und darin ein wichtiges Manuskript transportiert haben soll. Weder die Aktentasche noch die Rolle Fittkos insgesamt waren bis dahin sonderlich bekannt. Hans und Lisa Fittko fanden allerdings schon 1945 in Varian Frys Buch „Auslieferung auf Verlangen" über die Arbeit des von ihm organisierten „Emergency Rescue Commitee" Erwähnung, mit dem die Fittkos nach Benjamins Flucht zusammenarbeiteten, wobei in dieser Darstellung Hans Fittko eine dominierendere Rolle als Lisa Fittko einnimmt (vgl. Fry 1986 [1945], S. 148 f.). Walter Benjamin kommt darin nicht vor. Laut Lisa Fittko tritt Fry erst nach Benjamins Grenzüberquerung mit ihr und Hans Fittko in Kontakt, möglicherweise erfährt Fry erst durch die Nachricht von Benjamins Tod bzw. Grenzübertritt von dem Paar. Das deutet Fittko in „Mein Weg über die Pyrenäen" (S. 157) an. Sie bestätigt das auf Nachfrage in einem Interview von Richard Heinemann (vgl. Heinemann 1992, S. 144). Allerdings werden ihre Aussagen unsicher. In demselben Interview sagt sie auch, dass Fry zu diesem Zeitpunkt nichts vom Fall Benjamin und ihrer Rolle gewusst habe. In der späteren deutschen Ausgabe von Varian Frys Buch ist im Anhang ein Brief Lisa Fittkos vom 28. Juli 1967 abgedruckt, mit dem sie eine briefliche

Flankiert werden diese Berichte aus erster Hand von Schilderungen weiterer naher oder fernerer Personen, die unmittelbar vorher mit Benjamin in Kontakt standen, namentlich **Hannah Arendt**, die in entsprechenden Korrespondenzen mit Scholem einige Umstände aufklärt,[41] sowie **Arthur Koestler**, der in zwei seiner im Original auf Englisch verfassten autobiografischen Schriften von einer Begegnung mit Benjamin in Marseille berichtet: „Scum of the Earth“ 1941 und „The Invisible Writing“ 1954.[42]

Anfrage Frys vom 3. Juli 1967 nach einigen Erinnerungsdetails über ihre Zusammenarbeit beantwortet (in: Fry 1986 [1945], S. 326 ff.). In diesem Brief erwähnt sie ohne nähere Erläuterung, dass sie es war, die Walter Benjamin über die Grenze brachte. Je nachdem, ob dieser Brief auch schon in eine frühere englischsprachige Ausgabe von Frys Buch aufgenommen wurde, wäre ein publizistischer Zusammenhang zwischen Fittko und Benjamin schon vor 1982 hergestellt. Die deutsche Ausgabe erschien erst 1986 bei Hanser.

41 Hannah Arendt: Brief an Gershom Scholem, 17. Oktober 1941. In: Erdmut Wizisla (Hg.): Begegnungen mit Walter Benjamin. Leipzig 2015, S. 322–327.

42 Arthur Koestler, Benjamins ehemaliger Nachbar aus der Pariser Rue Dombasle Nr. 10, erzählt, dass sich beide in Marseille kurz vor ihrer jeweiligen Abreise getroffen haben. Benjamin habe mit ihm bei dieser Gelegenheit seine (laut Koestlers ersten Auskunft) ursprünglich 62 Morphiumtabletten geteilt. Koestler schildert die Situation in seinem noch während des Krieges 1941 auf Englisch veröffentlichten Buch „Scum of the Earth" (Arthur Koestler: Scum of the Earth. London 2006 [1941], S. 244) sowie im 1954 erschienenen zweiten Teil seiner Autobiografie, „The Invisible Writing" (Arthur Koestler: The Invisible Writing. Danube Edition [ohne Ort] 1969 [1954], S. 512), allerdings in unterschiedlichen Versionen und mit sich mehrfach verändernder Tablettenmenge. Walters Schwester Dora Benjamin war „Scum of the Earth" schon 1943 bekannt, wie sie am 3. März 1943 dem Schweizer Theologen Fritz Lieb schrieb (zitiert in Wizisla 2015, S. 15). Koestlers mehrere Bücher umfas-

Aufschluss über die „offizielle Perspektive“ der spanischen Behörden jener Zeit geben Dokumente, die 1992 in Portbou im Zuge von Recherchen für eine Ausstellung sowie das zu errichtende Benjamin-Denkmal von Dani Karavan aufgefunden und von Ingrid Scheurmann herausgegeben wurden.[43]

sende Lebenserinnerungen sind in einer deutschen Übersetzung zusammengefasst und der zweite Band unter dem Titel „Abschaum der Erde" veröffentlicht worden (Arthur Koestler: Abschaum der Erde. Autobiografische Schriften. Zweiter Band. Übersetzt von Franziska Becker und Heike Curtze. Frankfurt/Main 1993. [Diese Bearbeitung zuerst 1971, mit einem editorischen Kommentar von Arthur Koestler vom Januar 1970, S. 463 f.]). Die Texte erfuhren dort eine redaktionelle Bearbeitung, so dass sich darin nicht die Übersetzung der ersten Version der Anekdote aus „Scum of the Earth" findet, sondern die Version aus „The Invisible Writing". Beide Versionen unterscheiden sich in der angegebenen Zahl der Tabletten und insbesondere in der Bewertung darüber, ob die jeweils verbliebene Menge ihren Zweck noch erfüllen konnte. Die in dieser deutschen Ausgabe angegebene Zahl von 50 Stück stimmt weder mit der Angabe in „Scum of the Earth" (62 Stück) noch in „The Invisible Writing" (30 Stück) überein (siehe dazu ausführlicher das Kapitel „Arthur Koestler verzählt sich" hier in diesem Text). Dennoch ist Koestlers Zeugnis einer der zentralen Bausteine der Freitodthese.

43 Anlässlich von Walter Benjamins 100. Geburtstag wurde die Konzeption eines Gedenkortes in Portbou vorgenommen, für das Denkmal von Dani Karavan. Im Kontext einer vorbereitenden Ausstellung „Grenzüberschreitungen" erschien bei Suhrkamp unter der Ägide des Arbeitskreises selbständiger Kultur-Institute e.V. AsKI, Bonn, eine Dokumenten- und Essaysammlung: Ingrid und Konrad Scheurmann (Hg.): Für Walter Benjamin. Dokumente, Essays und ein Entwurf. Frankfurt/Main 1992.

Dazu zählen insbesondere die **Untersuchungsakte des Stadtrichters** von Port-Bou **Fernando Pastor Nieto** zu diesem Todesfall sowie die dort befindlichen Rechnungen des Arztes **Ramón Vila Moreno**, des Hotelbetreiberpaares **Juan Suñer Jonama** und **Eva Raffegeau**, des Pfarrers **Andrés Freixa** sowie des Schreiners **Enrique Espadalé Bandés**, der den Sarg gezimmert hat.[44]

Ferner sind der **Totenschein**[45] bekannt, die Eintragung ins **kirchliche Sterberegister** sowie der amtliche **Grabnischenbelegungsplan.**[46]

Der von Karavan konzipierte Gedenkort „Passagen" war zu diesem Zeitpunkt noch nicht realisiert und wurde nach Finanzierungsstreitigkeiten auf deutscher Seite schließlich 1994 eröffnet. Die Dokumente, die im Zuge der Recherchen für die Ausstellung und das Denkmal aufgefunden wurden, sind separat publiziert worden in: Ingrid Scheurmann: Neue Dokumente zum Tode Walter Benjamins. Herausgegeben vom Arbeitskreis selbständiger Kultur-Institute e.V. AsKI, Bonn, und der Gemeinde Portbou. Übersetzt von Rafael de la Vega. Bonn 1992**.**

44 Dokumente Nr. 2, 4, 5, 6 und 7 in I. Scheurmann/Neue Dok. 1992, S. 29–41, 44–52.

45 Die farbige Reproduktion des Dokuments wird in dem Band „Benjaminiana" von Hans Puttnies und Gary Smith abgedruckt (Hans Puttnies, Gary Smith (Hg.): Benjaminiana. Eine biografische Recherche. Gießen 1991, S. 31. Eine Schwarzweißreproduktion auch bei I. Scheurmann/Exil 1992, S. 101)**. Über die 1972 in Port-Bou gefundene Eintragung in das Totenbuch berichtete der Rechtswissenschaftler Juan-Ramón Capella 1975 in der Zeitschrift „El Ciervo".** (Vgl. I. Scheurmann/Neue Dok. 1992, S. 9, mit Verweis auf Helmut Niemeyer: Gift und Grab im Schatten der Pyrenäen. Walter Benjamins Tod auf der Flucht 1940 in Port Bou. In: Die Zeit Nr. 40/1979, 28. September 1979. Der Zeit-Artikel ist online verfügbar unter: www.zeit.de/1979/40/gift-und-grab-im-schatten-der-pyrenaeen [letzter Zugriff: 12.11.2020].)

46 Zu beiden Registern vgl. Manuel Cussó-Ferrer: Walter Benjamins letzte Grenze. Sequenzen einer Annäherung. In: I. & K. Scheurmann/Für WB 1992, S. 158–165.

Im Nachlass Max Horkheimers fand sich ein Brief der spanischen Grenzbehörden vom 30. Oktober 1940, unterschrieben von **Antonio Sols**.[47] Rolf Tiedemann hat um 1980/81 auch **Joseph/José Gurland** ausfindig gemacht, den Sohn Henny Gurlands.[48] Die sich daraus ergebende Korrespondenz, aus der an verschiedenen Stellen unsystematisch zitiert wird, ergänzt noch einige wenige - und unsichere - Details.[49] 1979 sprach der Autor Carles S. Costa mit dem ehemaligen Besitzer des Hotels de Francia in Port-Bou, **Juan Suñer Jonama**. Dessen Aussagen werden in dem Artikel „Zwischen Nazis und Franquisten. Walter Benjamin in der Falle" zitiert, der 1979 in der katalanischen Zeitung „Punt Diari" erschien.[50]

47 **Abgedruckt im Apparat des „Passagen-Werks" bei Tiedemann** (Antonio Sols: Brief im Auftrag der Generaldirektion der Sicherheitspolizei, Grenzkommissariat, Figueras (Gerona) Spanien, Chefkommissar, an Max Horkheimer am 30. Oktober 1940. Spanisch/Deutsch. In: Walter Benjamin GS V/2, S. 1197 f.)**.**

48 Vgl. Rolf Tiedemann: Zeugnisse zur Entstehungsgeschichte. In: Walter Benjamin GS V/2, S. 1202. **Tiedemann kannte laut dortiger Auskunft zunächst nur Frau Gurlands Nachnamen. Er brachte schließlich in Erfahrung, dass sie 1944 Erich Fromm geheiratet hatte und 1952 in Mexiko gestorben war. Dann fand er auch Joseph Gurland, „Professor of Engineering an der Brown University in Providence, Rhode Island". Für Tiedemann zeichnete Joseph Gurland „seine Erinnerungen an die Flucht und an Benjamins Tod auf. Obwohl sein Gedächtnis manche Einzelheiten präzis bewahrt hat, ist ihm vieles auch entfallen oder kann von ihm nur dunkel und unsicher erinnert werden."** (Ebd.) **An eine Aktentasche oder ein Manuskript erinnerte er sich nicht.**

49 Zum Beispiel in: Ulrich Ott (Hg.): Walter Benjamin 1892–1940. Marbacher Magazin 55/1990 für die Ausstellung des Theodor W. Adorno Archivs Frankfurt am Main im Schiller-Nationalmuseum Marbach am Neckar und im Literaturhaus Berlin. Bearbeitet von Rolf Tiedemann, Christoph Gödde, Henri Lonitz. Marbach am Neckar 1990, S. 311, 313. Vgl. auch I. Scheurmann/Neue Dok. 1992, S. 13 f., 19 (Fußnote 25).

50 Carles S. Costa: Zwischen Nazis und Franquisten. Walter Benjamin in der Falle. Aus dem Katalanischen übersetzt von Ute Heinemann. (Übersetzung des Originals

Ein weiterer Autor, Narciso Alba, berichtet von einem Interview mit einem Schafhirten, der mit Benjamin in den Bergen noch zusammengetroffen sein soll.[51]

Die weiteren mehr oder weniger korrekten und detaillierten Berichte, eine Art mediales Grundrauschen in Form von privaten Briefnachrichten, Telegrammen und einzelnen Zeitungsmeldungen, sind letztlich Derivate der ersten Quellen von 1940. Von Belang ist insbesondere ein **anonymes Typoskript** vom 3. Oktober 1940, das wahrscheinlich auf die mündlichen Zeugnisse von Birman und Freund – und/oder Gurland – zurückgeht.[52]

vom 27. Juli 1979 in der katalanischen Zeitung „Punt Diari".) In: Ott 1990, S. 349–352. **Die in dem Artikel zitierte Person heißt allerdings Joan Suñer Planas** (vgl. ebd., S. 350).

51 **Narciso Alba äußert sich dazu in David Mauas' Dokumentarfilm „Who killed Walter Benjamin…"** (Spanien, Niederlande 2005)**. Ein eventueller schriftlicher Beitrag des Autors** (er hat bspw. 1987 in der Zeitschrift Quimera über Lisa Fittkos Buch geschrieben: Narciso Alba: El demonio no la gestapo: precisiones a un libro de Lisa Fittko sobre muerte de Walter Benjamin. Quimera. Revista de literatura Nr. 81, 1987, págs. 52–57) **lag mir im Gegensatz zu allen anderen hier genannten Quellen nicht vor.**

52 Anonym: Bericht über einen Grenzübertritt von Frankreich nach Spanien, 3. Oktober 1940. In: Erdmut Wizisla (Hg.): Begegnungen mit Walter Benjamin. Leipzig 2015, S. 344–347. **(In dem anonymen Bericht gelten Lippmann und Freund als „Kusinen" von Birman und ihrer Schwester.** Vgl. Anonym/Wizisla 2015 [1940], S. 345. **Das stimmt höchstwahrscheinlich nicht.) Dieser Bericht aus Lissabon wurde um 2000 als Typoskript in den American Jewish Archives in Cincinnati aufgefunden, beigelegt in einem Brief „an einen Herrn Dartakower"** (Wizisla 2015, S. 344)**. In einem Zeitungsartikel präzisiert Wizisla, dass es sich evtl. um Arieh/Aryeh Tartakower handelt** (vgl. Erdmut Wizisla: Benjamins Todesnachricht. War es die reine Häme? In: Frankfurter Allgemeine Zeitung, 26. September 2020, online: www.faz.net/aktuell/feuilleton/walter-benjamins-todesnachricht-im-stuermer-16971233.html [letzter Zugriff: 09.10.2020])**. Der anonyme Bericht gibt die Ereignisse nach Gesprächen mit Augenzeuginnen recht detailliert**

wieder und beruft sich auf zwei der mit Benjamin geflüchteten Frauen, die unabhängig voneinander befragt worden seien. Erdmut Wizisla vermutet, dass es sich bei den angegebenen Auskunftgeberinnen um Carina Birman und Grete Freund gehandelt haben muss (vgl. Wizisla 2015, S. 344). Da der Bericht aber auch konkrete Informationen aus der Perspektive Henny Gurlands enthält (z.B. Details von der Anreise Gurlands vor deren Zusammentreffen mit der Gruppe Birman) und sie namentlich erwähnt, wird sie auch eine der beiden Quellen gewesen sein. Der oder die anonyme Berichterstatter:in gibt an, dass beide Frauen im öffentlichen Leben gearbeitet hätten. Das trifft auf Birman und Freund zu, doch auch Gurland hat als Fotografin gearbeitet. Anhand der anderen Berichte lässt sich zudem nachvollziehen, dass das im Typoskript geschilderte Insistieren des Priesters von Port-Bou auf die Letzte Ölung für Benjamin (vgl. Anonym/Wizisla 2015 [1940], S. 346) in den Zeitraum am 26. September fallen muss, in dem sich die Gruppe Birman vorübergehend auf der Rückführung an die Grenze befand. Nur Gurland und ihr Sohn hielten sich während dieser Stunden bei Benjamin auf und versuchten, die bürokratischen Notwendigkeiten zu regeln. Zu diesem Zeitpunkt war Benjamin mutmaßlich noch nicht tot, sondern lediglich bewusstlos. Die zeitliche Nähe dieses Berichts zu den Ereignissen spricht für seine Glaubwürdigkeit gegenüber beispielsweise den erst Jahrzehnte später niedergelegten Erinnerungen Birmans und Fittkos. Bis auf kleine Unterschiede in einigen Details widersprechen sich aber diese Berichte in den wesentlichen Fragen nicht. Der wiederentdeckte

Die Veröffentlichungsgeschichten dieser Quellen verhalten sich zu ihren Entstehungsgeschichten asynchron. So wird das Mosaik über die Jahrzehnte jeweils neu, immer wieder anders zusammengesetzt:

— Vermutlich (sicher ist das nicht) geht der erste Zeitungsartikel über Walter Benjamins Tod in der New Yorker Zeitung „Aufbau. American Jewish Weekly in German“ am 11. Oktober **1940** auf den anonymen Bericht zurück.[53]
— **1941** erscheint Arthur Koestlers „Scum of the Earth“ auf Englisch, worin erstmals Koestlers Begegnung mit Benjamin in Marseille geschildert wird: Sie teilen sich die Morphiumtabletten.
— **1954** erscheint Koestlers „The Invisible Writing“. Während Benjamin in „Scum of the Earth“ noch zweifelte, ob die restlichen Tabletten für eine Selbsttötung ausreichten, soll er nun überzeugt gewesen sein, sie genügten, „um ein Pferd zu töten“.
— **1975** veröffentlicht Gershom Scholem in seinem Buch „Walter Benjamin – die Geschichte einer Freundschaft“ den Briefauszug von Henny Gurland. 1941 hatte er den Text von Theodor W. Adorno mitgeteilt bekommen.[54]
— Lisa Fittkos Auskünfte werden erstmals **1982** in der Zeitschrift Merkur veröffentlicht.[55]
— **1982** folgt die Veröffentlichung des Benjaminschen „Passagen-Werks“ als Band V der

Bericht wurde zuvor in einer gekürzten Version am 6. September 2000 in der FAZ veröffentlicht (Andreas Strobl: Wieso lebe ich noch? Die letzten Worte von Walter Benjamin: Der Bericht eines anonymen Augenzeugen über die Flucht nach Spanien. In: Frankfurter Allgemeine Zeitung Nr. 207/2000, 6. September 2000, Seite N 6).

53 Scientist Suicide in Spain. Many Refugees Believed Victims of Mountain Gangs. In: Aufbau, 11. Oktober 1940, S. 3.

54 Vgl. Scholem/Freundschaft 2016 [1975], S. 279–281.

55 Fittko/Merkur 1982, S. 35–49. Aus dem Englischen übersetzt von Christoph Groffy.

Gesammelten Schriften, herausgegeben u.a. von Rolf Tiedemann. Im Apparat zu diesem Band wird der französischsprachige Briefauszug Grete Freunds wiedergegeben, ebenso der Briefauszug von Henny Gurland (wahrscheinlich übernommen von Scholem) und eine frühere (englischsprachige) Version von Lisa Fittkos Bericht aus dem November 1980. Außerdem darin: der an Horkheimer gerichtete Bericht der spanischen Grenzpolizei vom 30. Oktober 1940, den ein Antonio Sols unterschrieb.[56]

— **1985** folgt Lisa Fittkos autobiografisches Erinnerungsbuch „Mein Weg über die Pyrenäen“, in dem der Benjamin-Komplex als Kapitel 7 noch einmal abgedruckt und in den Kontext ihrer Rolle als Aktivistin und Fluchthelferin eingebettet wird.[57]

— Für seinen Benjamin gewidmeten Film „La Última Frontera“ (**1991/92**) vollzieht der Filmemacher Manuel Cussó-Ferrer über weite Strecken den ungefähren Fluchtweg Benjamins über die Pyrenäen nach. Im Zuge der Recherchen kann er mithilfe der aufgefundenen Eintragungen im kirchlichen Sterberegister und im amtlichen Grabnischenbelegungsregister die Doppelnummerierung der Grabnische aufklären, in der Walter Benjamin ursprünglich bestattet wurde.[58]

— Im Sommer **1992** werden bei den Recherchen für eine Ausstellung „neue Dokumente“

56 Walter Benjamin: Das Passagen-Werk. Erster und Zweiter Band. Gesammelte Schriften Band V.1 und V.2. Herausgegeben von Rolf Tiedemann. Frankfurt/Main 1983. Die hier genannten „Zeugnisse zur Entstehungsgeschichte" darin auf S. 1182–1205.

57 Fittko/Pyrenäen 2015 [1985].

58 Vgl. Cussó-Ferrer 1992, S. 158–165. Siehe Anmerkung 214 hier in diesem Text.

gefunden: der Untersuchungsbericht des Stadtgerichts, in dem alle Maßnahmen vor Ort verzeichnet und u.a. die Rechnungen des Hotels, des Priesters, des Arztes und des Schreiners angefügt sind. In den ehemaligen Räumen des Gemeindearchivs von Port-Bou waren sie jahrzehntelang unbeachtet geblieben und werden nun von Ingrid Scheurmann als Reproduktionen, Transkriptionen und Übersetzungen herausgegeben.[59]

— Erst **2006** erscheint auf Englisch der 1975 von Carina Birman aufgezeichnete Bericht unter dem Titel „The Narrow Foothold". Die Benjamin betreffenden Textteile werden **2015** erstmals auf Deutsch übersetzt und zusammen mit den wichtigsten der anderen Textauszüge in dem umfangreichen, von Erdmut Wizisla herausgegebenen Sammelband „Begegnungen mit Walter Benjamin" veröffentlicht.[60]

Meine Rekonstruktion hält sich nun strikt an das jeweils Berichtete, wie es sich zeitlich im Zusammenhang aller bekannten Äußerungen aus erster Hand einordnet. Es ist zu bedenken, dass diese Äußerungen in unterschiedlichen Kontexten geschehen: private Briefe, halboffizielle Stellungnahmen gegenüber Dritten, Jahrzehnte später entstehende Lebenserinnerungen, literarische Bearbeitungen, lapidar geäußerte Nebendetails, subjektive Interpretationen von Situationen, möglicherweise interessengeleitete, vielleicht

59 I. Scheurmann/Neue Dok. 1992. Aus dem Spanischen übersetzt von Rafael de la Vega.

60 Birman/Foothold 2006 [1975]. Birman/Wizisla 2015 [1975/2006], aus dem Englischen übersetzt von in-translations, Dresden.

schützende Auslassungen usw. Auch die sich sachlich gebenden offiziellen Behördendokumente sind weit entfernt von Objektivität. In Ermangelung anderer Quellen wird den hier vorliegenden Nachrichten vertraut. Wo sich Eindeutigkeit nicht herstellen lässt, Interpretationsspielräume offen bleiben, Aussagen gegeneinander stehen, wird in den Anmerkungen darauf hingewiesen.

Angelangt am Stausee gibt es keinen Zweifel mehr. Ich bin an einer Abzweigung vorbeigelaufen, die nirgendwo zu sehen war. Sie ist nicht zu finden, bis ich nicht mehr leugnen kann: Ich muss über diese Schranke klettern, einen Kilometer hinter mir. Ist es kein Privatgrundstück? Es ist. Einen Gutteil des Geländes hab ich schon durchmessen, da jagen mir kläffende Köter nach. Nur hundert Meter vorher hätten sie mich umgelegt, jetzt machen sie sich nicht mehr die Mühe, mich bis zum Ende zu verfolgen. Rasenden Herzens schlag ich mich in die Büsche. Das ist also schon mal klar. Auf dieser Strecke gibt es keinen Weg zurück.

Rue Dombasle Nr. 10, 15. Arrondissement, Paris

Gedenktafel am Hauseingang

In den Bergen

Bahnhofsuhr in Portbou

Teil 2

Dienstag, 24. September 1940, Morgenstunden

Am Morgen des 24. Septembers 1940 klopft es an der Tür von Lisa Fittkos[61] Dachkammer

61 Bereits die erste Zeile dieser Rekonstruktion beinhaltet eine – dann aber die einzige wesentliche – Korrektur: Lisa Fittkos Text nennt den Folgetag, den 25. September als Beginn ihres Berichts über Walter Benjamins Pyrenäen-Überquerung (vgl. Fittko/Tiedemann 1983 [1980], S. 1185; Fittko/Merkur 1982, S. 38; Fittko/Pyrenäen 2015 [1985], S. 139). Mit dem Datum des 25. Septembers ist ihre eigene Pyrenäen-(Teil-)Überquerung, die einen Tag nach der Begegnung mit Benjamin in Port-Vendres stattfand, völlig richtig datiert. Der Erkundungsgang, nach dem Benjamin in den Bergen übernachtete (siehe weiter unten in diesem Kapitel), muss jedoch einen Tag vorher, am 24. September stattgefunden haben. Schon Ingrid Scheurmann korrigiert Fittkos Datumsangabe (vgl. I. Scheurmann/Neue Dok. 1992, S. 11), und in Kenntnis aller verfügbaren Quellen zieht auch Erdmut Wizisla (vgl. Wizisla 2015, S. 329) den dort nicht weiter begründeten, aber plausiblen Schluss, dass Lisa Fittkos Angabe für die Begegnung mit Benjamin auf den 24. September zu korrigieren ist. Damit widerspricht meine Rekonstruktion des Zeitablaufes sowohl der Benjamin-Biographie Jean-Michel Palmiers (vgl. Palmier 2009, S. 610, 612) als auch der von Howard Eiland und Michael W. Jennings (vgl. Eiland/Jennings 2014, S. 675), in denen die Morphiumeinnahme Benjamins auf die Nacht vom 26. auf den 27. September 1940 datiert wird. Auch die gerade erschienene Übersetzung des Buches von Eiland und Jennings korrigiert das nicht (vgl. Eiland/Jennings 2020, S. 888). Einer genauen Lektüre aller vorliegenden Berichte aus erster Hand sowie der von Ingrid Scheurmann schon 1992 herausgegebenen

in Port-Vendres.[62] Davor steht Walter Benjamin.[63] „‚Gnädige Frau‘, sagte er, ‚entschuldigen Sie bitte die Störung, hoffentlich komme ich nicht ungelegen.‘“[64] Lisa Fittko stutzt über Benjamins übertrieben formale Sprechweise. „‚Ihr Herr Gemahl‘[65],

„Neuen Dokumente" halten diese Versionen nicht stand. Die Benjamin-Biografie Lorenz Jägers gibt das richtige, den offiziellen Dokumenten entnommene Sterbedatum 26. September an (vgl. Jäger 2017, S. 340) und übernimmt von Wizisla die Korrektur von Lisa Fittkos Datumsangabe (vgl. ebd., S. 332). Aber auch Jäger jubelt Henny Gurland unauflösbare Widersprüche in ihren Zeitangaben unter (vgl. ebd., S. 340). Dass diese Lesart Gurlands ungerechtfertigt ist, wird sich hier erweisen.

62 Port-Vendres, Südfrankreich, liegt südlich von Perpignon nahe der französisch-spanischen Grenze. Der kleinen Ortschaft an der Mittelmeerküste folgen Richtung Süden Banyuls-sur-Mer und Cerbère in Frankreich sowie – nach Querung der Pyrenäen-Ausläufer – schließlich Port-Bou in Spanien.

63 Lisa Fittkos Bruder Hans Ekstein und dessen Frau Eva wohnten in Paris in demselben Haus wie Walter Benjamin und Arthur Koestler in der Rue Dombasle Nr. 10.

64 Fittko/Pyrenäen 2015 [1985], S. 139. Fittko gibt hier Benjamins Begrüßung in wörtlicher Rede wieder.

65 In sämtlichen Quellen einschließlich der Erinnerungen Lisa Fittkos wird von Hans Fittko als ihrem Ehemann gesprochen. Es ist möglich, dass sie zu diesem Zeitpunkt noch nicht verheiratet waren. In einem Zertifikat des Bürgermeisters von Banyuls-sur-Mer, Vincent Azéma (1935–1941 und wieder 1945–1953, vgl. www.annuaire-mairie.fr/ancien-maire-banyuls-sur-mer.html [letzter Zugriff 04.09.2020]), aus dem Jahr 1949, das die Tätigkeit des Paares als Fluchthelfende bestätigt, wird ihr früherer Nachname Levin neben Fittko genannt. (Eine Reprodukti-

fuhr er fort, ‚hat mir erklärt, wie ich Sie finden kann. Er sagte, Sie würden mich über die Grenze nach Spanien bringen.'"[66]

Benjamin verfügt über die spanischen und portugiesischen Transitvisen sowie ein Non-Quota-Visum[67] für die USA. Eine Ausreiseerlaubnis aus Frankreich besitzt er nicht.[68] Der illegale Grenzübertritt ist nötig geworden, weil Benjamin wie die meisten anderen Flüchtenden kein solches bekommen kann. Die überraschte[69] Lisa Fittko schickt Benjamin ins Bistro am Marktplatz. Sie machen einen gemeinsamen Spaziergang, um sich ungestört unterhalten zu können.

Sie selbst ist gerade erst vor ein paar Tagen in Port-Vendres eingetroffen und hat vom sozialistischen Bürgermeister Vincent Azéma bereits eine Wegbeschreibung sowie eine provisorische Skizze[70] der ehemaligen Ruta Líster erhalten. Lisa Fittko schlägt Benjamin vor, von Port-Vendres nach Banyuls zu gehen, um sich von Azéma die mögliche Schmugglerroute noch einmal erklären zu lassen. Sie sagt ihm, dass der einfachere Weg zwischen dem letzten französischen Grenzort Cerbère und dem nächsten spanischen Port-Bou inzwischen schwer bewacht wird[71]

on dieses Dokuments bei Heinemann 1992, S. 156.) In einer Zeit permanenter Identitätswechsel, gefälschter Papiere und bürokratischen Untertauchens ist das wahrscheinlich kaum von Belang.

66 Fittko/Pyrenäen 2015 [1985], S. 139. Hans Fittko und Walter Benjamin trafen sich im Lager Vernuche bei Nevers (vgl. ebd., S. 145).

67 Mit Unterstützung des nach New York emigrierten Instituts für Sozialforschung unter Max Horkheimer konnte Walter Benjamin ein Visum außerhalb der Quoten in den gültigen Einreisebestimmungen der USA erlangen.

68 Die Ausreiseerlaubnis aus Frankreich bekam zu der Zeit kaum einer der Flüchtenden. Frankreich hat sich mit dem Artikel 19 des Waffenstillstandsvertrages vom 22. Juni 1940 dazu verpflichtet, gesuchte Personen an das Deutsche Reich auszuliefern. Die Fluchtroute durch das Nadelöhr zwischen Cerbère und Port-Bou nach Spanien zur Weiterreise nach Portugal, von wo aus die Einschiffung in irgendeinen sicheren Hafen noch möglich war, war daher für Tausende Menschen die einzige Chance, dem Zugriff deutscher Behörden und damit mit hoher Wahrscheinlichkeit dem Tod zu entkommen.

69 Hans Fittko konnte zu diesem Zeitpunkt noch nicht wissen, dass seine Lebensgefährtin bereits Informationen über eine mögliche Fluchtroute bekommen hatte (vgl. Fittko/Pyrenäen 2015 [1985], S. 140).

70 Vgl. Fittko/Pyrenäen 2015 (1985), S. 141 f.

71 Einige Monate lang wurde diese vergleichsweise einfache Fluchtroute von vielen auch prominenten Emigrant:innen erfolgreich benutzt, darunter Heinrich Mann und Lion Feuchtwanger. Letzterem wird gelegent-

und daher eine längere Route westlich über die Berge genommen werden muss. „‚Das macht nichts', sagte Benjamin, ‚solange der Weg sicher ist. [...]'"[72]

Benjamin setzt Fittko auseinander, dass er Herzbeschwerden habe und langsam gehen müsse. Des Weiteren würden ihn Henny Gurland[73] sowie deren sechzehnjähriger Sohn José[74] begleiten, die sich ihm in Marseille angeschlossen hätten. Fittko erklärt ihm, dass sie den Weg selbst noch nie gegangen sei, lediglich über die Wegskizze Azémas verfüge und ansonsten dessen Beschreibung des Weges folge:[75]

> „‚Und dann hat er [Azéma] mir einige Einzelheiten beschrieben, Abzweigungen, die wir nehmen müssen, auch eine Hütte auf der linken Seite. Vor allem ist da eine Hochebene mit sieben Pinien, die wir unbedingt rechts von uns liegen lassen müssen, sonst geraten wir zu weit nach Norden; und dann der Weinberg, der an der richtigen Stelle zum Kamm führt.'"[76]

lich vorgeworfen, nach seiner geglückten Flucht in die USA, die er dem Emergency Rescue Commitee verdankte, zu redselig gewesen zu sein (vgl. z.B. I. Scheurmann/Exil 1992, S. 98 f.). Daher sei die Route nun eben auch für Benjamin gesperrt. Feuchtwanger erreichte New York jedoch erst am 5. Oktober 1940. Das leichtsinnige Interview über die Umstände seiner Flucht erschien tags darauf in der New York Times (Flight described by Feuchtwanger. American 'Kidnapped' Him, Gave Him Women's Clothes to Escape Nazis. In: The New York Times, Sonntag, 6. Oktober 1940, S. 38). Benjamin war zu diesem Zeitpunkt schon tot. Während Feuchtwanger also tatsächlich die Flucht vieler ihm Nachfolgenden gefährdet und wahrscheinlich auch verhindert haben dürfte, hatte sein Verhalten auf die konkret von Benjamin vorgefundenen Umstände keinen Einfluss.

72 Fittko/Pyrenäen 2015 [1985], S. 140.

73 Laut Gershom Scholem erinnerte sich Lisa Fittko zwar an die Beteiligung, aber nicht an den Namen Henny Gurlands, bis Scholem ihr den Namen mitteilte (vgl. Scholem/Merkur 1982, S. 36). In Fittkos Texten taucht sie dann namentlich auf.

74 Joseph Gurland. In dem Brief seiner Mutter an Arkadi Gurland nennt sie ihn José (vgl. Gurland/Scholem 2016 [1940/1975], S. 279 f.).

75 Fittko gibt diese Passage in ihren Erinnerungen in wörtlicher Rede an, ebenso wie die „wörtliche Rede" Benjamins.

76 Fittko/Pyrenäen 2015 [1985], S. 141. Die genaue Route war lange unbekannt. Seit den 1980er-Jahren unternahm der Filmemacher Manuel Cussó-Ferrer den

Auf die Frage, ob er sich auf das Risiko einlassen wolle, antwortet Benjamin: „‚Ja sicher‘, [...]. ‚Nicht zu gehen, das wäre das eigentliche Risiko.‘“[77]

Vormittag

Daraufhin besuchen sie gemeinsam Vincent Azéma in Banyuls,[78] um sich nochmals die Einzelheiten einprägen zu können. Dieser rät ihnen, an diesem Nachmittag probehalber einen Teil des Weges bis zu einer bestimmten Lichtung zu gehen, dann umzukehren, sich noch einmal mit ihm, Azéma, zu treffen und schließlich im Gasthof von Banyuls zu übernachten. Auf diese Weise soll sichergestellt werden, dass sie den richtigen Weg finden.[79] Für die eigentliche Pyrenäenüberquerung im Schutz der Dunkelheit soll sich die Gruppe am nächsten Morgen um 4.00 Uhr unerkannt unter die Weinbauern mischen, die um diese Zeit zur Arbeit in die Berge gehen.[80]

Versuch, sie zu rekonstruieren (vgl. Cussó-Ferrer 1992). Heute existiert nun dieser Wanderweg, der für sich in Anspruch nimmt, einigermaßen authentisch zu sein. Eine unerlässliche Hilfe, Ergänzung und Bereicherung ist das Multimediaprojekt www.historia-viva.net [letzter Zugriff 04.09.2020], zu dem auch eine Smartphone-App gehört, mittels derer man sich in den Bergen orientieren kann.

77 Fittko/Pyrenäen 2015 [1985], S. 141.

78 Zwischen Port-Vendres und Banyuls-sur-Mer liegt ein etwa sechs Kilometer langer Fußmarsch. Lisa Fittko erinnert sich nicht, auf welche Weise sie die Strecke zurückgelegt haben. Da Fittko aufgrund der Kontrollen eine Zugfahrt für unwahrscheinlich hält, schätzt sie, gemeinsam zu Fuß gegangen zu sein. Wenn das so war, dürfte im Hinblick darauf, was an diesem Tag noch folgte, für den herzkranken Benjamin schon dieser Weg mit großen Anstrengungen verbunden gewesen sein. Der anonyme Bericht, der bei Wizisla ausführlich abgedruckt ist (Anonym/Wizisla 2015 [1940], S. 344–347), erwähnt ein Auto: Benjamin „brach zusammen mit Madame Gurland und deren sechzehnjährigen Sohn José von Perpignan auf. Die drei Leute fuhren in einem Auto, das sie nach Banyuls brachte.“ (Ebd., S. 345.) Auszüge aus dem Bericht wurden stark gekürzt erstmals am 6. September 2000 in der FAZ zitiert (Strobl 2000, S. N 6). Die Information über das Auto findet sich dort nicht.

79 Vgl. Fittko/Pyrenäen 2015 [1985], S. 142 f. Azéma zeigt bei Fittko „diese Lichtung“ auf der Wegskizze. Sie wird nicht näher präzisiert.

80 Die Gruppe um Carina Birman, der Benjamin und die Gurlands später beim Abstieg begegnen, erhielt von

Leuten aus Azémas Umfeld im Bürgermeisteramt, womöglich von ihm selbst, am selben Tag dieselben Anweisungen: „Probespaziergang" zur Wegfindung, Aufbruch am folgenden Morgen gegen 4.00 Uhr im Schatten der Winzer, die um diese Zeit zur Weinlese schritten (vgl. Birman/Foothold 2006 [1975], S. 2 f.; Birman/Wizisla 2015 [1975/2006], S. 359 f.). Auch die Birman-Gruppe bekommt die Zeitangabe von zwei Stunden, allerdings ist statt von einem „schönen Spaziergang" (Azéma nach Fittko/Pyrenäen 2015, S. 143) bereits von „Klettern" („climbing") die Rede. Aus der Gruppe Birman wurden dieselbe sowie Grete Freund von einer ortskundigen Vertrauensperson zur Probe noch an diesem Tag auf die Schmugglerwege in die Berge geführt. „Als wir eine bestimmte Höhe erreicht hatten, sahen wir ein tiefes Tal vor uns, das von Bergketten umgeben war. Unser Führer wies in eine bestimmte Richtung und betonte, dass auf der Kuppe ein großes, massives Kreuz stünde, auf das wir zugehen sollten. Da war die spanische Grenze. Dort angekommen sollten wir sofort nach dem nächsten spanischen Zollamt fragen, einer Immigrationsstelle. Sollten wir ein derart zweckdienliches Zollamt nicht finden, würden wir wahrscheinlich von den Spaniern als illegale Immigranten verhaftet werden. Dann brachte er [die Vertrauensperson] uns zurück nach Banyuls." (Birman/Wizisla 2015 [1975/2006], S. 359 f.; Birman/Foothold 2006 [1975], S. 2.) Es ist im Hinblick auf die späteren Handlungen der Gruppe Benjamin/Gurland davon auszugehen, dass sie dieselben Instruktionen erhalten hat. Theoretisch hätten sich die beiden Gruppen bereits an diesem Tag an diesem Ort treffen können.

Auf Nachfrage erhält Benjamin die Antwort, dass es bis zur Lichtung eine bis zwei Stunden seien.[81] Von Azéma gehen Fittko und Benjamin in den Gasthof, wo sie Henny Gurland und ihren Sohn treffen.[82]

Nachmittag
Lisa Fittko, die Führerin, bricht zusammen mit Walter Benjamin, Henny Gurland und ihrem Sohn Joseph, auch José genannt, auf zu ihrer ersten Tour. Nun bemerkt sie Benjamins schwere Aktentasche. Sie mutmaßt, dass er sie im Gasthof geholt hat.[83]

> „‚Darin ist mein neues Manuskript', erklärte er mir.
> ‚Aber warum haben Sie es denn auf diesen Kundschaftsgang[84] mitgenommen?'
> ‚Wissen Sie, diese Aktentasche ist mir das Allerwichtigste', sagte er. ‚Ich darf sie nicht verlieren. Das Manuskript muss gerettet werden. Es ist wichtiger als meine eigene Person.'"[85]

Später Nachmittag
Einem leeren Stall folgt ein leicht nach links abbiegender Pfad, ein von Azéma beschriebener großer Felsblock, dann, „nach fast drei Stunden", die Lichtung. Nach Azémas Angaben liegt etwa ein Drittel des Weges hinter ihnen.[86] Nun, nach einer kurzen Pause, weigert sich Benjamin umzukehren – trotz Fittkos Protest. Er besteht darauf, die Nacht auf dieser Lichtung zu verbringen.[87]

Unter diesen Umständen ist es mindestens erstaunlich, dass sie sich sowohl auf der „Probewanderung" als auch am nächsten Tag nicht früher über den Weg liefen.

81 Vgl. Fittko/Pyrenäen 2015 [1985], S. 143.

82 In Fittkos Buch folgt diese Episode nach dem gemeinsamen Besuch bei Azéma in Banyuls. Es ist aber anzunehmen, dass das Zusammentreffen Fittkos mit den Gurlands schon in Port-Vendres erfolgte, wohin Benjamin höchstwahrscheinlich mit ihnen gemeinsam angereist war. Dass er mit Fittko die ca. sechs Kilometer nach Banyuls gelaufen, dann nach Port-Vendres zurückgekehrt, schließlich erneut nach Banyuls aufgebrochen sein könnte, um von dort aus die Erkundungstour zu starten, ist angesichts der eingeschränkten Kondition Benjamins unwahrscheinlich. Die Gurlands müssen schon vorher von Port-Vendres nach Banyuls mitgekommen sein. Andernfalls wären trotz der Zweifel Fittkos eben doch Zug oder Auto denkbar.

83 Vgl. Fittko/Pyrenäen 2015 [1985], S. 143.

84 In der Version der Zeitschrift Merkur ist an dieser Stelle schlicht von „Wanderung" die Rede (vgl. Fittko/Merkur 1982, S. 40).

85 Fittko/Pyrenäen 2015 [1985], S. 143.

86 Vgl. Fittko/Pyrenäen 2015 [1985], S. 143 f.

87 Es muss sich nach einem etwa dreistündigen Aufstieg noch immer um den Nachmittag gehandelt haben. Fittkos Bemerkung über die Aktentasche, die Benjamin mitgenommen habe, obwohl es sich nur um einen „Kundschaftsgang" handeln sollte, legt implizit nahe, dass er eine Übernachtung in den Bergen von vornherein geplant hat. Fittkos dramat(urg)ische

„Er entgegnete mir, sein Entschluss, die Nacht auf der Lichtung zu verbringen, sei unwiderruflich, denn er beruhe auf einer einfachen logischen Überlegung. Sein Ziel sei, die Grenze zu überqueren, damit er und sein Manuskript nicht in die Hände der Gestapo fielen. Ein Drittel dieses Zieles habe er erreicht. Wenn er jetzt ins Dorf zurückkehren und den ganzen Weg am folgenden Tag nochmals gehen müsse, würde sein Herz wahrscheinlich nicht mitmachen. Folglich werde er bleiben."[88]

Die Gurlands kehren mit Fittko zurück nach Banyuls.

Mittwoch, 25. September 1940, 4.00 Uhr morgens

Benjamin verbringt die Nacht auf der Lichtung. Fittko und die Gurlands brechen um 4.00 Uhr[89] morgens auf, um Benjamin dort wieder einzusammeln und gemeinsam die Grenze nach Spanien zu überschreiten.

7.00 Uhr morgens

Gegen 7.00 Uhr[90] treffen sie auf Benjamin. Fittko fallen seine rotunterlaufenen Augen auf, und sie deutet sie zunächst als Symptome eines Herzanfalls.[91] Benjamin entkräftet die Sorge, indem er seine Brille abnimmt und sich mit einem Taschentuch über das Gesicht wischt: „‚Der Tau, wissen Sie. Die Ränder des Brillengestells, sehen Sie? Sie färben ab, wenn sie feucht werden.'"[92]

Gestaltung des Textes erfolgt freilich im Wissen um den Ausgang der Geschichte.

88 Fittko/Pyrenäen 2015 [1985], S. 144.

89 Diese Zeitangabe in Lisa Fittkos Erinnerungsbuch deckt sich mit der Zeitangabe Carina Birmans. Es war wichtig, noch vor Sonnenaufgang aufzubrechen und sich unter die zur Weinlese aufbrechenden Winzer zu mischen. So sollte die Gefahr minimal bleiben, beim Verlassen des Ortes und beim Beginn des Aufstiegs von Grenzbeamten oder Polizisten erkannt zu werden (vgl. Fittko/Pyrenäen 2015 [1985], S. 143, 152; Birman/Foothold 2006 [1975], S. 3; Birman/Wisizla 2015 [1975/2006], S. 360). Fittko hat hier jedoch die Startzeit gegenüber der früheren Textversion im Merkur verändert. Dort ist 5.00 Uhr angegeben (vgl. Fittko/Merkur 1982, S. 46), ebenso in der noch früheren englischsprachigen Version, die bei Tiedemann wiedergegeben ist (Fittko/Tiedemann 1983 [1980], S. 1192).

90 Diese Zeitangabe stimmt bei Fittko in allen drei Textversionen überein (vgl. Fittko/Tiedemann 1983 [1980], S. 1191; Fittko/Merkur 1982, S. 45; Fittko/Pyrenäen 2015 [1985], S. 150).

91 Vgl. Fittko/Pyrenäen 2015 [1985], S. 146 f. Walter Benjamin war wegen Herzproblemen bereits in Paris in Behandlung (vgl. Palmier 2009, S. 605, dort insbes. Fußnote 450; etwas ausführlicher bei Eiland/Jennings 2014, S. 663).

92 Fittko/Pyrenäen 2015 [1985], S. 147. Es wird dort als wörtliche Rede Benjamins wiedergegeben.

Gemeinsam setzen sie den Weg fort, der nun immer steiler wird. Zwischen Hügelabhängen und Felswänden wird Fittko unsicher, wobei Benjamin mittels Azémas Wegskizze bei der Orientierung hilft. Einen Irrweg von etwa 20 Minuten müssen sie korrigieren, eine andere Abzweigung Richtung Gebirgskamm nehmen. Inzwischen gibt es keinen bestimmten Weg mehr. Der gelegentlich erkennbare Pfad verläuft unterhalb einer offiziellen Straße entlang des Bergkamms, dessen Überhang vor der Sicht der patrouillierenden französischen Grenzwache schützt.[93] Der angeschlagene Benjamin folgt einer langsamen und gleichmäßigen Schrittfolge: Circa alle zehn Minuten legt er eine etwa einminütige Pause ein, bevor er zu erschöpft ist – eine Methode, die er sich in der vorangegangenen Nacht ausdachte.[94] Lisa Fittko und José Gurland helfen Benjamin abwechselnd, die Aktentasche zu tragen. Fittko kommt „es so vor, als würde sie immer schwerer werden.“[95] Die Gruppe erreicht einen steilen Weinberg. Ohne Pfad irrt sie durch die Rebstöcke, streckenweise muss Benjamin zwischen Fittko und dem jungen Gurland gestützt den Hang hinaufgeschleppt werden.[96]

8–10.00 Uhr

Nach etwa vier- oder fünfstündiger[97] Wanderung macht die Gruppe Rast auf einem Bergrücken oberhalb des Weinberges und nimmt etwas Proviant zu sich, bevor sie den Weg in nun flacher ansteigendem Gelände fortsetzt. Benjamin wird

93 Vgl. ebd.
94 Vgl. ebd., S. 148.
95 Ebd. Auf Seite 149 ist die Tasche bereits ein „Monstrum". Fittko: „Heute, wo Benjamin als einer der wichtigen Gelehrten und Kritiker des 20. Jahrhunderts gilt, heute werde ich manchmal gefragt: Was hat er über das Manuskript gesagt? Hat er sich über den Inhalt ausgelassen? Hat er darin ein neues philosophisches System entwickelt? Du lieber Himmel, ich hatte alle Hände voll zu tun, meine kleine Gruppe bergauf zu führen; die Philosophie musste warten, bis wir über den Berg waren." (Fittko/Pyrenäen 2015 [1985], S. 148.) Dieser Abschnitt ist in der Textversion des Merkur (vgl. Fittko/Merkur 1982, S. 44) in leicht anderem Wortlaut in Kursiv abgesetzt, was auf eine nachträgliche Ergänzung schließen lässt. In der englischsprachigen Erstversion ist diese Passage ebenfalls vorhanden (vgl. Fittko/Tiedemann 1983 [1980], S. 1189 f.), dort allerdings nicht abgesetzt – obwohl auch diese Version einzelne, hier durch Einrückung abgesetzte, quasi „zusätzliche" Gedanken enthält. Letztere sind in der Merkur-Version ohne nähere Erläuterung kursiv abgesetzt, in Fittkos Erinnerungsbuch schließlich gestrichen oder in den normalen Fließtext ohne Absetzung integriert.
96 Vgl. Fittko/Pyrenäen 2015 [1985], S. 149.
97 Geht man davon aus, dass Fittko mit dieser Zeitangabe ihren eigenen Aufbruch von Banyuls um 4.00 oder 5.00 Uhr meint, dann ist es jetzt zwischen 8.00 und 10.00 Uhr. Dass vier bis fünf Stunden vergangen sind, schätzt Fittko anhand der Sonne (vgl. Fittko/Pyrenäen 2015 [1985], S. 149; Fittko/Merkur 1982, S. 44; Fittko/Tiedemann 1983 [1980], S. 1190).

langsamer, hält sich aber an den von ihm festgelegten Rhythmus nach der Uhr.[98] Als schließlich der Gipfel erreicht wird, öffnet sich der Blick auf die von den Pyrenäenausläufern geteilte Mittelmeerküste, links die französische, rechts die spanische Seite. Die Grenze zu Spanien muss bereits überquert worden sein. Im Gegensatz zu den Gurlands und Benjamin verfügt Fittko nicht über die nötigen Einreise- bzw. Transitvisa. Dennoch entschließt sie sich, die Gruppe noch ein Stück weiter bis zum Abstieg zu führen.[99]

98 Vgl. Fittko/Pyrenäen 2015 [1985], S. 150.

99 Vgl. ebd., S. 151. An dieser Stelle fehlt im Benjamin-Kapitel von Fittkos Erinnerungsbuch eine Ergänzung, die sowohl in der früheren englischsprachigen als auch noch in der Merkur-Version als einer der eingerückten bzw. kursiv gesetzten Einschübe vorhanden ist: „Während ich die Einzelheiten niederschreibe, die mir von dieser ersten Wanderung über die Grenze auf der Route Lister in Erinnerung kommen, erscheint ein undeutliches Bild aus der Tiefe, wo es all die Jahre begraben lag. Drei Frauen – zwei von ihnen kenne ich ein wenig – kreuzen unseren Weg; wie im Dunst sehe ich, wie wir dort stehen und uns kurz unterhalten. Sie waren einer anderen Route gefolgt und gingen für sich ihren Weg weiter hinunter zur spanischen Seite. Die Begegnung überraschte mich nicht sonderlich und hinterließ auch keinen Eindruck, da so viele Menschen versuchten, über die Berge zu flüchten." (Fittko/Merkur 1982, S. 45 f. In der englischsprachigen Version bei Tiedemann ist diese Passage abgesetzt durch Einrückung. Vgl. Fittko/Tiedemann 1983 [1980], S. 1191.) Gemeint ist wahrscheinlich die Gruppe Birman, die allerdings aus vier Personen bestand: Birman und ihre Schwester Dele, Sophie Lippmann und Grete Freund. Weder in dem Brief Grete Freunds noch in dem erst 24 Jahre nach Fittkos Text veröffentlichten Bericht von Carina Birman findet ein Zusammentreffen mit Lisa Fittko Erwähnung. Es ist daher fraglich, ob eine Begegnung der beiden Gruppen wirklich stattgefunden hat, bevor Lisa Fittko Benjamin und die Gurlands alleine weiterziehen ließ. Aufschlussreich auch hinsichtlich der Funktion der erwähnten eingerückten bzw. kursiv gesetzten Einschü-

be in Fittkos früheren Textversionen ist Gershom Scholems Vorrede vor Fittkos Text im Merkur (Scholem/Merkur 1982, S. 35 ff., Zitat S. 36): „Ich verschaffte mir die Adresse von Frau Fittko, und als ich im Mai 1980 aus gegebenem Anlaß in New York war, hatte ich am 15. Mai ein langes Telephongespräch mit ihr nach Chicago, dessen Inhalt meine Frau und ich von zwei Telephonen aus auf Hebräisch, das ja eine Art Stenographie ist, mitschrieben, so daß wir den Inhalt einigermaßen genau festhalten konnten. Ich sandte diesen Bericht natürlich sofort an Dr. Rolf Tiedemann [...] sowie an Frau Fittko selbst mit der Bitte, ihn durchzusehen und eventuell aufgrund ihrer Erinnerungen zu berichtigen. Es stellte sich heraus, daß Frau Fittko weder von meinem Buch über Benjamin etwas wußte – ich sandte ihr erst nach unserem Gespräch ein Exemplar aus New York – noch sich an den Namen von Frau Gurland erinnert hatte, bis sie deren oben erwähnten Brief im Abdruck sah, obwohl sie sich an deren Beteiligung an jener Passage im übrigen genau erinnerte." Scholems Buch ist das 1975 erschienene „Walter Benjamin – Geschichte einer Freundschaft", darin der Brief Gurlands. Als diese Vorrede Scholems im Merkur erschien, befand sich der von Tiedemann besorgte „Passagen-Werk"-Band der Gesammelten Schriften Benjamins (in dessen Apparat der englischsprachige Original-Fittko-Bericht wiedergegeben wird) noch in Vorbereitung, er erschien aber bald darauf (GS V/2). Dort im Apparat befinden sich auch der Brief Grete Freunds sowie der von Henny Gurland. Die Abschriften der Briefe stammen aus Adornos Nachlass, der Tiedemann vorlag. Freunds Brief scheint Scholem

jedoch nicht bekannt gewesen zu sein, er zählt ihn zumindest nicht in den ihm „nun bekannten drei Quellen" zu Benjamins Tod auf: „nämlich des Briefes von Frau Gurland, des Berichts von Frau Fittko, wie ich ihn in endgültiger Fassung am 4. Juni 1980 niederschrieb, und der Inventaraufnahme der spanischen Behörde" (Scholem 1982 im Merkur, S. 37. Die „Inventaraufnahme der spanischen Behörde": Sols 1983 [1940] bei Tiedemann 1983, S. 1197 f.). In Tiedemanns Apparat zu Benjamins „Passagen-Werk" ist nicht Scholems Mitschrift von Fittkos Bericht abgedruckt, sondern deren eigene englischsprachige Textfassung vom November 1980. Sowohl Scholem als auch Tiedemann standen also in direktem Kontakt mit Lisa Fittko, die wiederum erst im Nachgang, vermittelt über Scholems Benjamin-Buch, von dem Brief Gurlands und damit über die Vorgänge nach ihrer Umkehr erfuhr. Ich nehme also einerseits an, dass die oben erwähnten Einschübe von Lisa Fittko nachträglich getätigte Ergänzungen ihrer Originalniederschrift sind. Und andererseits ist speziell das „undeutliche Bild aus der Tiefe" von einer Begegnung mit der anderen Gruppe eine womöglich von der Kommunikation mit Scholem und Tiedemann beeinflusste „Anpassung" ihrer Erinnerungen. In Gurlands Brief (so abgedruckt sowohl in Scholems Buch als auch bei Tiedemann) wird mitgeteilt: „Auf dem Pyrenäenweg trafen wir die Birmann [sic], ihre Schwester Frau Lipmann [sic] und die Freund vom ‚Tagebuch'." (Gurland/Scholem 1982 [1940], S. 279; diese Zeilen zeichenidentisch bei Tiedemann: Gurland/Tiedemann 1983 [1940], S. 1195; die Interjektionen jedoch von mir, MR.) In dieser Aufzählung werden nicht nur die Namen anders

Als die Gruppe einen Tümpel schmutzigen Wassers passiert, will Benjamin daraus trinken. Fittko versucht, ihn davon abzuhalten, „Sie holen sich Typhus –". Doch Benjamin entgegnet:

> „‚Ja, vielleicht. Aber Sie müssen verstehen: Das Schlimmste, was passieren kann, ist, dass ich an Typhus sterbe – *nachdem* ich diese Grenze überschritten habe. Die Gestapo kann mich nicht mehr festnehmen, und das Manuskript wird in Sicherheit sein. Sie müssen schon entschuldigen, gnädige Frau.'"[100]

Ca. 14.00 Uhr[101]

Am Ende der Felswand kommt talwärts Port-Bou in Sichtnähe. Die kleine Grenzstadt weist noch viele Zerstörungen aus dem Spanischen Bürgerkrieg auf. Mit der Instruktion, dass die Gruppe sich dort an der spanischen Grenzstation melden soll, verlässt Lisa Fittko Benjamin und die Gurlands und macht sich auf den Rückweg nach Frankreich.[102]

geschrieben, sondern es fehlt auch – in der deutschsprachigen Suhrkamp-Ausgabe wie in der englischsprachigen (Gershom Scholem: Walter Benjamin. The Story of a Friendship. Philadelphia 1981, S. 225) – ein Komma: Frau Lippmann ist nicht die Schwester von Birman, sondern es muss heißen: „die Birman[n], ihre Schwester [Dele] [Komma,] Frau Lip[p]mann und die Freund [...]“ Damit ist auch klar, wieso Fittko sich nur an drei Personen „erinnert“. Sie hat ihre Erinnerung mit dem Gurland-Brief in der fehlerhaften Fassung im Scholem-Buch in Einklang gebracht. In Fittkos letzter Version – als das entsprechende Kapitel in ihrem Erinnerungsbuch – ist dieser Abschnitt dann konsequenterweise gestrichen. Auch bei Tiedemann, der wahrscheinlich aus Scholem zitiert, fehlt dieses Komma (vgl. Tiedemann 1983, S. 1195), weswegen auch er von drei statt vier Frauen ausgeht (vgl. ebd., S. 1194). Es muss im Augenblick ungeklärt bleiben, ob es bereits in der Abschrift im Adorno-Nachlass fehlt bzw. schon im Original fehlte. Bei Wizisla (Gurland/Wizisla 2015 [1940], S. 352) ist es stillschweigend eingefügt. Ein anderes fehlendes Komma wird einen Tag später jedenfalls schwerwiegendere Konsequenzen haben.

100 Als wörtliche Rede bei Fittko (Fittko/Pyrenäen 2015 [1985], S. 151 f.), Hervorhebung dort und in allen drei Versionen. Die Form der Entschuldigung ist gegenüber dem früheren schlichten „Entschuldigen Sie!“ (Fittko/Merkur 1982, S. 46) hingegen blumiger geworden.

101 Vgl. Fittko/Pyrenäen 2015 [1985], S. 152; Fittko/Tiedemann 1983 [1980], S. 1191 f.; Fittko/Merkur 1982, S. 46.

102 Lisa Fittko: „Wir waren um vier Uhr früh aufgebrochen, Benjamin um sieben. Insgesamt also fast zehn

Fittkos Abstieg dauert zwei Stunden.[103] Benjamin und die Gurlands haben spanische und portugiesische Transitvisa. Sie benötigen nun lediglich einen spanischen Einreisestempel. So präpariert nähmen sie dann die nächste Zugverbindung nach Lissabon. Mit Problemen an der spanischen Grenzstation rechnen sie nicht.

Benjamin und die Gurlands treffen im Laufe des Abstiegs auf die Gruppe von Carina Birman mit deren Schwester Dele, Sophie Lippmann und Grete Freund.[104]

Stunden." (Fittko/Pyrenäen 2015 [1985], S. 152.) **Im Merkur und in der Version bei Tiedemann steht eine andere Zeit: Aufbruch um 5.00 Uhr, neun Stunden Weg bis jetzt** (vgl. Fittko/Tiedemann 1983[1980], S. 1192; Fittko/Merkur 1982, S. 46).

103 **„In zwei Stunden war ich wieder unten in Banyuls. Neun Stunden bergauf, zwei Stunden für den Abstieg."** (Fittko/Pyrenäen 2015 [1985], S. 152.) **Hier ist als Artefakt die Zeitrechnung aus der Vorgängerversion unkorrigiert erhalten geblieben.**

104 **Von diesem Zusammentreffen berichten hier nun übereinstimmend Henny Gurland** (in dem bei Scholem und Tiedemann abgedruckten Brief. Bei Scholem: Gurland/Scholem 2016 [1940/1975], S. 279; bei Tiedemann: Gurland/Tiedemann 1983 [1940], S. 1195 f.)**, Carina Birman** (in ihren 1975 aufgezeichneten, im Original 2006 als „The Narrow Foothold" und bei Wizisla 2015 in Auszügen auf Deutsch erschienenen Fluchterinnerungen; Birman/Foothold 2006 [1975], S. 3; bei Wizisla: Birman/Wizisla 2015 [1975/2006], S. 360)**, Grete Freund** (bei Tiedemann auf Französisch: Gr. Freund/Tiedemann 1983 [1940], S. 1194; bei Wizisla in deutscher Übersetzung: Gr. Freund/Wizisla 2015 [1940], S. 349) **sowie der oben erwähnte anonyme Bericht aus Lissabon, der sich auf zwei dieser Frauen beruft** (Anonym/Wizisla 2015 [1940], S. 345)**. Lisa Fittkos entsprechende, in den beiden früheren Versionen ihres Berichts eingefügte Notiz über die Begegnung mit der anderen Gruppe** (vgl. Fittko/Merkur 1982, S. 45 f.; Fittko/Tiedemann 1983 [1980], S. 1191) **muss, wie oben dargelegt** (siehe Anmerkung 99)**, als korrumpiert gelten. Nachdem bis zur Kammquerung Fittko die nahezu alleinige Berichterstat-**

Diese Gruppe ist seit 4.00 Uhr morgens unterwegs.[105] Das Zusammentreffen der nun sieben Personen erfolgt am Nachmittag. Das Wetter ist heiß[106] und Benjamin steht „kurz vor einem Herzinfarkt.“[107]

terin war, auf die sich mein Text in Bezug auf Benjamin berufen kann, übernehmen Henny Gurland, Grete Freund und Carina Birman ab hier die weitere Zeuginnenschaft.

105 Vgl. Birman/Foothold 2006 [1975], S. 3; Birman/Wizisla 2015 [1975/2006], S. 360.

106 Birman erinnert sich an einen heißen Tag, wohingegen es bei ihrer Rückführung am nächsten Tag heftiges Unwetter gegeben habe. Womöglich verwechselt dies der anonyme Berichterstatter, der bereits an diesem Tag von heftigen Regenfällen ausging: „Der Weg war sehr beschwerlich und an diesem Tag besonders mühevoll, weil es heftig regnete." (Anonym/Wizisla 2015 [1940], S. 345.) Fittko erwähnt kein schlechtes Wetter, dafür aber eine fabelhafte Aussicht: „Schließlich erreichten wir den Gipfel. [...] Das Bild erschien so unverhofft vor mir, dass ich einen Augenblick an eine Fata Morgana glaubte. Weit unten, von wo wir gekommen waren, sah man wieder das tiefblaue Mittelmeer. [...] Ich schnappte nach Luft. Solche Schönheit hatte ich noch nie gesehen." (Fittko/Pyrenäen 2015 [1985], S. 150 f.) Der Brief der Grenzpolizei an Horkheimer vom 30. Oktober 1940 attestiert Benjamin bei seiner Ankunft in Spanien einen Sonnenstich (vgl. Sols 1983 [1940] bei Tiedemann 1983, S. 1197 f.).

107 Birman/Wizisla 2015 [1975/2006], S. 360; Birman/Foothold 2006 [1975], S. 3. Der 1892 geborene Benjamin, der schon früher wegen seines Herzens in ärztlicher Behandlung war (vgl. Palmier 2009, S. 605, insbes. Fußnote 450; sowie Eiland/Jennings 2014, S. 663), wird sowohl von Lisa Fittko, die ihn in ihrem Buch den „alten Benjamin" nennt (vgl. Fittko/Pyrenäen 2015 [1985], S. 139), als auch von Carina Birman als „älterer Herr" (Birman/

Wizisla 2015 [1975/2006], S. 360; Birman/Foothold 2006 [1975], S. 3) wahrgenommen. Während Fittko tatsächlich 17 Jahre jünger ist, sind Carina Birman und Grete Freund nur etwa drei Jahre jünger als er. Sophie Lippmann ist sieben Jahre älter als Benjamin und bei der Pyrenäenüberquerung schon 55 Jahre alt. Birman schreibt: „Der Herr, ein deutscher Universitätsprofessor namens Walter Benjamin, stand kurz vor einem Herzinfarkt. Die Anstrengung des Bergsteigens an einem extrem heißen Septembertag in Kombination mit dem Stress der Flucht vor der Verhaftung durch die Deutschen waren zu viel für ihn." (Birman/Wizisla 2015 [1975/2006], S. 360 f.; Birman/Foothold 2006 [1975], S. 3. Die falsche Berufsbezeichnung findet sich später auch in einem Zeitungsbericht, was darauf schließen lässt, dass Birman dafür eine der Auskunftgebenden war. Vgl. Anonym: Scientist Suicide in Spain. In: Aufbau. American Jewish Weekly in German. 11. Oktober 1940, S. 3.) Grete Freunds Brief an den unbekannten Empfänger vom 9. Oktober 1940 steht in der Entstehung dem Geschehen zeitlich näher als Birmans Text und gibt vermutlich in Bezug auf die in den Bergen verbrachte Nacht an: „Herr Benjamin war zuvor bereits sehr müde gewesen, nachdem er auf der Reise einen Herzanfall erlitten hatte. Er war gezwungen, sich einige Stunden auf den Boden zu legen. Er erholte sich wieder und konnte die Reise erstaunlich gut fortsetzen, für die wir vierzehn Stunden benötigten, ohne dass wir eine Möglichkeit zum Essen und Trinken hatten." (Gr. Freund/Wizisla 2015 [1940], S. 349.) Fittko befürchtete ja angesichts seiner rotunterlaufenen Augen nach der Übernachtung im Freien ebenfalls einen möglichen Herzanfall

Sie setzen den Weg gemeinsam[108]

Benjamins. Der wiegelte ab und schob das auf das Abfärben seines Brillengestells (vgl. Fittko/Pyrenäen 2015 [1985], S. 146 f.).

108 So jedenfalls der anonyme Bericht (vgl. Anonym/Wizisla 2015 [1940], S. 345). Auch die Passagen in den anderen Berichten legen das nahe, z.B. schreibt Birman über den „Universitätsprofessor namens Walter Benjamin": „In der Zwischenzeit hatten sich uns ein älterer Herr, eine jüngere Frau und ihr Sohn *angeschlossen.*" (Birman/Wizisla 2015 [1975/2006], S. 360; Birman/Foothold 2006 [1975], S. 3 [Hervorhebung von mir, MR].) Henny Gurlands Sohn Joseph (José) hingegen, der Jahrzehnte später u.a. von Tiedemann (vgl. Tiedemann 1983, S. 1202) befragt wurde und sich an wenig erinnerte, berichtete, die Frauengruppe um Birman sei ihnen vorausgegangen und die beiden Gruppen hätten sich erst in der Polizeistation vereinigt. Die vorausgehende Gruppe schien Joseph Gurland zufolge von Beamten an der Wegmündung zur Straße abgefangen und zur Polizeistation begleitet worden zu sein (vgl. Ott 1990, S. 311). Die Formulierung in Henny Gurlands Brief kann durchaus so ausgelegt werden, dass es sich weiterhin um zwei getrennte Gruppen handelte: „Abends kamen wir in Port Bou an und gingen auf die Gendarmerie um unseren Eintrittsstempel zu erbitten. Vier Frauen und wir drei saßen eine Stunde lang, weinend, bittend, verzweifelt vor den Beamten [...]." (Gurland/Scholem 2016 [1940/1975], S. 279.) Benjamin lief sehr langsam. Dass die Birman-Gruppe vorauslief, ist leicht vorstellbar. Immerhin scheint man auch nach Joseph Gurlands (nur vage mitgeteilten) Darstellung noch in Sichtweite gewesen zu sein.

und (wahrscheinlich) ohne weitere Führung[109] fort.

Ca. 17.00 Uhr
Am späten Nachmittag oder frühen Abend kommen sie am Fuße der Berge bei Port-Bou an.[110]

109 In David Mauas' Dokumentarfilm „Who killed Walter Benjamin…" erzählt der Autor Narciso Alba, dass die Gruppe um Benjamin auf spanischer Seite von einem Schafhirten geführt worden sei, den Alba auch selbst interviewt habe. In keinem der anderen mir bekannten Berichte taucht dieser Hirte auf. Birman berichtet lediglich, dass jemand ihnen Wasser brachte.
110 Die genauen Uhrzeiten variieren weiterhin, je nach Quelle, und hängen auch von der Einschätzung der Gesamtdauer des Fußmarsches ab. Gurland schrieb von zwölf Stunden (vgl. Gurland/Scholem 2016 [1940/1975], S. 279). Wenn der Aufbruch um 4.00 Uhr früh erfolgte, dann wäre die Ankunftszeit 16.00 Uhr (nach damaliger französischer Zeit), 17.00 Uhr entsprechend bei Aufbruch um 5.00 Uhr – die Zeit, die Fittko in ihren früheren Textfassungen notierte. Die wörtliche Angabe bei Gurland lautet „abends". Die zwölf Stunden gibt auch der anonyme Bericht an, der eine Ankunftszeit von „fünf Uhr nachmittags" vermeldet (Anonym/Wizisla 2015 [1940], S. 345). Bei Grete Freund dauerte die Wanderung zumindest der Birman-Gruppe 14 Stunden (vgl. Gr. Freund/Wizisla 2015 [1940], S. 349). Birman schrieb, bei Sonnenuntergang die ersten Spanier auf der anderen Seite des Berges getroffen zu haben (vgl. Birman/Foothold 2006 [1975], S. 3; Birman/Wizisla 2015 [1975/2006], S. 361). Die Sonne mag hinter den Bergen langsam verschwunden sein, der eigentliche Sonnenuntergang fand jedoch erst nach 18.30 Uhr statt (nach damaliger Ortszeit in Spanien). In dem Brief vom 30. Oktober 1940 an Max Horkheimer, der dort nachgefragt hatte, teilte die Generaldirektion der Sicherheitspolizei, Grenzkommissariat,

Benjamin und Gurland vernichten ihre französischen Aufenthaltspapiere.[111]

mit, dass „Herr Benjamin Walter“ Spanien, „über das Gebirge kommend, am 25. September ds. Jahres um 8 Uhr abends betrat“. (Dieser Auskunft nach war den Grenzbeamten auch bekannt, dass er zu Fuß illegal über die Berge kam: „Der Herr gab an, daß er mangels Ausreiseerlaubnis heimlich Frankreich verlassen habe und zu Fuß von Banyuls [Frankreich] gekommen sei [...].“ Sols 1983 [1940] bei Tiedemann 1983, S. 1198). 1940 gehörte Spanien (wahrscheinlich) noch derselben Zeitzone an wie Großbritannien, womit zwischen Spanien und Frankreich eine Stunde Zeitunterschied herrschte, nachdem in Frankreich mit der deutschen Besetzung gerade von Westeuropäischer auf Mitteleuropäische Zeit umgestellt worden war. Frankreich und Spanien wandten beide die Sommerzeitumstellung an. Es ist schwer einzuschätzen, wie sehr diese um 1940 wechselnden und politisch motivierten Zeitregime vor Ort von Belang waren, zumal für die Flüchtenden, wenngleich gerade die, sofern sie auf Hilfe zurückgriffen, auf Synchronizität etwa bei Verabredungen oder Zugverbindungen angewiesen waren. In den Berichten spielt der mögliche Zeitunterschied nirgendwo explizit eine Rolle, jedoch könnte er eine Erklärung sein für die gelegentlichen Unschärfen und Abweichungen bei den Zeitangaben je nach Quelle. Erschwerend ist zudem, dass unterschiedliche Informationen darüber kursieren, wann genau und wie die Zugehörigkeiten zu bestimmten Zeitzonen in Frankreich und Spanien just zu dieser Zeit wechselten.

111 Das berichtet Hannah Arendt in ihrem Brief an Gershom Scholem vom 17. Oktober 1941: „Alles weitere werden Sie ja wissen: [...] dass sie aus vollkommen

Die Gruppe trifft kurz vor Port-Bou auf Juan Suñer Jonama,[112] der dort das Hotel de Francia[113] betreibt.

unerfindlichen Gründen ihre französischen Aufenthaltspapiere vernichteten und nach der Schließung der spanischen Grenze für Leute ohne nationale Pässe – wir hatten alle nur noch die Papiere des Amerikanischen Konsulats – dort ankamen, dass Benij bereits auf dem Hinwege mehrmals zusammengebrochen war [...]". (Arendt/Wizisla 2015 [1941], S. 327.) Arendts Formulierung suggeriert, dass diese Information bereits bekannt war. In den vorliegenden primären Quellen taucht sie jedoch nicht auf. Auch heute vernichten jedenfalls Geflüchtete oft ihre Papiere, um ihre Herkunft zu verschleiern oder ihre Ausweisung in einen „Drittstaat" zu verhindern.

112 Der anonyme Bericht schreibt ohne Namensnennung vom „Wirt, dem das Hotel de Francia in Portbou gehörte." (Anonym/Wizisla 2015 [1940], S. 345.) Juan Suñer Jonama betrieb das Hotel mit seiner französischen Frau Eva Raffegeau (vgl. z.B. die Reproduktion der Hotelrechnung in I. Scheurmann/Neue Dok. 1992, S. 46 ff. sowie den Untersuchungsbericht des Stadtrichters ebd., S. 29, 33, 37). Die Schreibung des Namens Juan Suñer Jonama folgt hier der Gerichtsakte (vgl. ebd.). In einem Artikel der katalanischen Zeitung „Punt Diari" von 1979 wird er aus unklaren Gründen Joan Suñer Planas genannt (vgl. Costa 1990 [1979], S. 350).

113 Das „Hotel de Francia" wird auch „Fonda de Francia" genannt, beispielsweise im Untersuchungsbericht des Stadtrichters; reproduziert, transkribiert und übersetzt bei I. Scheurmann (Dokument Nr. 2 in I. Scheurmann/Neue Dok. 1992, S. 29–41). Von dort aus wird „Fonda de Francia" auch in Benjamins Totenschein (Reproduktion bei Puttnies/Smith 1991, S. 31) übernommen.

Er rät ihnen, sich auf der Polizeistation zu melden, und beschreibt ihnen den Weg dahin. Dort stellt sich heraus, dass die Polizeistation nicht der erste Posten nach der Grenze ist, auf dem die nun sieben Personen ihre Einreisestempel hätten bekommen müssen.[114] Zudem dürften seit etwa 22. September[115] laut Weisung aus Madrid Staatenlose nicht mehr durch Spanien reisen. Den Neuankömmlingen werden trotz an sich gültiger Papiere die Einreisestempel verweigert,[116]

Der Rechnungsvordruck des Hotels weist den Namen im Kopf offiziell als „HOTEL DE FRANCIA" aus (Reproduktion als Dokument Nr. 5 in I. Scheurmann/Neue Dok. 1992, S. 46). Ich verwende daher der Einheitlichkeit wegen diesen Namen.

114 Vgl. Birman/Foothold 2006 [1975], S. 4; Birman/Wizisla 2015 [1975/2006], S. 361.

115 Vgl. Anonym/Wizisla 2015 [1940], S. 345.

116 Henny Gurland: „Vier Frauen und wir drei saßen eine Stunde lang, weinend, bittend, verzweifelt vor den Beamten und zeigten unsere durchaus guten Papiere. Wir waren alle sans nationalité und man sagte uns, daß seit einigen Tagen ein Erlaß herausgekommen sei, der verbot, Leute ohne Nationalität durch Spanien reisen zu lassen." (Gurland/Scholem 2016 [1940/1975], S. 279 f.) Die Einreiseverweigerung aufgrund eines neuen Erlasses teilen übereinstimmend der anonyme Bericht (Anonym/Wizisla 2015 [1940], S. 345), Gurland (s.o.) und Grete Freund (Gr. Freund/Wizisla 2015 [1940], S. 349) mit. Bei Carina Birman wird (35 Jahre später) dieser Grund nicht explizit erwähnt. Bei ihr erscheint als Grund der Rückführung, dass die Einreisenden bereits an der Grenze, an einem früheren Posten, einen Einreisestempel hätten erhalten müssen, nicht erst auf der Polizeistation des Ortes (vgl. Birman/Foothold 2006 [1975], S. 4; Birman/Wizisla 2015 [1975/2006], S. 361). Entgegen der bisweilen vorgebrachten Vermutung, dass es sich bei diesem Vorfall um eine vorübergehende Angelegenheit handelte, die eventuell mit einem zeitgleichen Besuch des deutschen Außenministers Joachim von Ribbentrop in Madrid zusammenhing (vgl. z.B. Palmier 2009, S. 612, Fußnote

sie werden verhaftet und sollen „noch in derselben Nacht“[117] an die Grenze zurückgeführt werden.[118]

464), berichtet Varian Fry vom Emergency Rescue Committee in seinen Erinnerungen, dass Hans Fittko seine Fluchthelfertätigkeit später wegen genau dieses Problems einstellte: „Mein Entschluss [...] wurde noch bestärkt, als [Hans] Fittko einige Tage später aus Banyuls kam und mir mitteilte, daß er keine Flüchtlinge mehr über die Grenze schmuggeln würde. Da die Spanier nunmehr alle Reisenden aus Frankreich verhafteten, die keine französischen Ausreisevisa hatten und nicht durch Stempel beweisen konnten, daß sie Frankreich auf legalem Weg verlassen hatten, sei seine Arbeit sinnlos geworden." (Fry 1986 [1945], S. 238.) Zu dem Zeitpunkt, als Benjamin mit Lisa Fittko die Grenze überquerte, war Hans Fittko noch nicht in den Grenzschmuggel involviert. Die Zusammenarbeit beider Fittkos mit Frys Emergency Rescue Committee begann erst unmittelbar danach. Hannah Arendt schreibt in ihrem Benjamin-Essay, der 1968 im Merkur erschien: „Die Visumsperre wurde nach einigen Wochen wieder aufgehoben. Einen Tag früher wäre er [Walter Benjamin] anstandslos durchgekommen, einen Tag später hätte man in Marseille gewußt, daß man zur Zeit nicht durch Spanien konnte. Nur an diesem Tag war die Katastrophe möglich." (Arendt 1968; online unter: www.merkur-zeitschrift.de/hannah-arendt-walter-benjamin-i [letzter Zugriff 21.08.2020].) Es scheint sich jedenfalls nicht um einen Einzelfall gehandelt zu haben.

117 Gr. Freund/Wizisla 2015 [1940], S. 349.

118 Carina Birman: „[...] der zuständige Polizeichef [„police captain"] ließ uns verhaften und erklärte, wir seien verpflichtet, zur französischen Grenze zurückzukehren." (Birman/Wizisla 2015 [1975/2006], S. 361; Birman/

Man müsse beim spanischen Konsul in Perpignan ein Sondervisum in Madrid beantragen, andernfalls würde man die Personen in ein Konzentrationslager in Figueras bringen und sie anschließend den deutschen Behörden überstellen.[119] Tränen fließen, die Verhandlungen ziehen sich ein bis zwei Stunden hin.[120]

Ca. 19.00 Uhr

Schließlich wird ihnen die Übernachtung im Hotel de Francia unter Bewachung gestattet,[121] da es für eine Rückführung über die Berge nun zu spät ist und Walter Benjamin gesundheitlich stark angeschlagen.[122]

Foothold 2006 [1975], S. 4.) Auch bei Grete Freund wird der zuständige Beamte „Polizeichef" („chef de police") genannt (vgl. Freund/Wizisla 2015 [1940], S. 349; Freund/Tiedemann 1983 [1940], S. 1194).

119 Vgl. Gr. Freund/Wizisla 2015 [1940], S. 349.

120 Während Gurland von einer Stunde schreibt, dauern in dem anonymen Bericht die Verhandlungen in der Polizeistation von „fünf Uhr nachmittags" (der Ankunft in Port-Bou) bis „sieben Uhr" (vgl. Anonym/Wizisla 2015 [1940], S. 345). In dem anonymen Bericht übergibt der „Vorsteher" die „weitere Behandlung der ganzen Angelegenheit" an seinen Stellvertreter (ebd.).

121 Birman schreibt, dass sie „in einem speziellen Polizeihotel untergebracht werden" sollten (Birman/Wizisla 2015 [1975/2006], S. 361; Birman/Foothold 2006 [1975], S. 4). Es ist identisch mit dem Hotel de Francia.

122 Birman nimmt in ihren Erinnerungen für sich in Anspruch, dass die Übernachtung auf ihre Bitte hin gestattet wurde (vgl. Birman/Foothold 2006 [1975], S. 4; Birman/Wizisla 2015 [1975/2006], S. 361). Sie betont dort allerdings aus nicht ganz klaren Gründen, dass ihr Versprechen, am nächsten Morgen zur Grenze zurückzugehen, Benjamin und die Gurlands nicht mit einschloss (ebd.). Grete Freund führt die Erlaubnis zur Übernachtung auf einen Mangel an Alternativen zurück: „Wir hatten keinerlei Möglichkeit, direkt den Rückweg anzutreten [...]." (Gr. Freund/Wizisla 2015 [1940], S. 349.) Das spanische Grenzkommissariat hingegen schreibt am 30. Oktober 1940 an Horkheimer: „Der Herr gab an [...] daß er einen Sonnenstich bekommen habe und sehr krank sei. Aus diesen Gründen logierte er sich in einem Hotel

Am nächsten Morgen gegen 10.00 Uhr[123] sollen alle an die Grenze zurückgeführt werden. Ihnen werden drei Polizisten vorgestellt, die das bewerkstelligen sollen.[124] Benjamin und José Gurland würden in diesem Fall sofort in einem französischen Lager interniert.[125] Die Gruppe bezieht das Hotel de Francia:[126]

ein und wurde sofort von einem Arzt aus Port-Bou besucht, dessen Erklärung bescheinigte, daß jener Herr Walter [sic] an einem Gehirnschlag und an Bronchialkatarrh leide, der Bettruhe notwendig mache.“ (Sols 1983 [1940] bei Tiedemann 1983, S. 1198.)

123 10.00 Uhr bei Birman (vgl. Birman/Foothold 2006 [1975], S. 4; Birman/Wizisla 2015 [1975/2006], S. 361) und Freund (vgl. Gr. Freund/Wizisla 2015 [1940], S. 349), „sieben Uhr früh“ in dem anonymen Bericht (vgl. Anonym/Wizisla 2015 [1940], S. 345).

124 Vgl. Gurland/Scholem 2016 [1940/1975], S. 280.

125 Das sagt Henny Gurland: „Ich hatte kein anderes Papier als das amerikanische, für José und Benjamin bedeutete das ins Lager kommen.“ (Gurland/Scholem 2016 [1940/1975], S. 280.) Das bestätigt indirekt den Hinweis, den Hannah Arendt in ihrem Brief an Scholem gibt: dass die Flüchtenden nach dem Grenzübertritt ihre französischen Aufenthaltspapiere vernichteten (vgl. Arendt/Wizisla 2015 [1941], S. 327; siehe Anmerkung 111 hier in diesem Text) und in Frankreich somit nun ohne Status waren. Warum die Internierung dann aber nur die männlichen Personen beträfe, ist nicht ganz klar.

126 Der anonyme Bericht schildert: „Wie zufällig war der Wirt eben gekommen und übernahm alle sieben Personen.“ (Anonym/Wizisla 2015 [1940], S. 346.) Der Wirt gibt 1979, 81-jährig, unter dem Namen Joan Suñer Planas zu Protokoll: „„[...] Jeden der ein Zimmer mieten wollte, ließ ich das Anmeldeformular ausfüllen und legte es der Polizei vor. Alle die keine Einreiseerlaubnis hatten, schickten sie nach Frankreich zurück – so wie es auch diesem Herrn passierte (er zeigt auf das Foto von Walter

Henny Gurland und ihr Sohn José erhalten ein Zimmer, ebenso Sophie Lippmann und Carina Birman. Birmans Schwester Dele und Grete Freund teilen sich eine „kleine Zelle". Benjamin bekommt mit dem Zimmer 4 ein Einzelzimmer.[127] Er ist außer sich, eine Rückführung lehnt er ab. Er will mit dem amerikanischen Konsulat in Barcelona telefonieren, was die Frauen aus der Birman-Gruppe ihm versprechen, am nächsten Morgen zu tun.[128]

Benjamin). Das betraf die Juden und alle, die über die Berge gekommen waren.'" (Costa 1990 [1979], S. 351.) Nach Suñers Darstellung erfährt Benjamin erst im Hotel von der drohenden Rückführung (was unwahrscheinlich ist): „,Nachdem er die Anmeldung ausgefüllt hatte, kam die Polizei und sagte ihm, daß er nach Frankreich zurück müsse, weil er keine Einreiseerlaubnis habe. Man nannte das illegalen Devisenhandel, Schmuggel. Er sagte mir, daß er nach New York an die Universität müsse.'" (Ebd.)

127 Die Zimmeraufteilung gibt Carina Birman an (vgl. Birman/Foothold 2006 [1975], S. 4; Birman/Wizisla 2015 [1975/2006], S. 361). Benjamins Zimmernummer ergibt sich aus der Hotelrechnung sowie aus der Gerichtsakte (vgl. Dokumente Nr. 5 und Nr. 2 in I. Scheurmann/Neue Dok. 1992, S. 46 ff.; 29, 33, 37). Der Hotelbetreiber Suñer sagt dazu 1979 (im Artikel in wörtlicher Rede wiedergegeben): „,Er nahm ein Einzelzimmer, das nach hinten ging, im zweiten Stock, neben dem Bad. Die Frau und das Kind waren in einem anderen Zimmer. Er sprach Französisch.'" (Costa 1990 [1979], S. 351.)

128 Grete Freund: „Herr Benjamin war völlig verzweifelt und erklärte am Abend im Hotel, dass er auf gar keinen Fall zurückreisen würde, was immer auch geschehen würde. Wir versuchten, ihn zu beruhigen, und versprachen ihm, in aller Frühe den amerikanischen Konsul in Barcelona anzurufen, da er eine persönliche Empfehlung hatte und dass wir ihn um Hilfe und Unterstützung für Herrn Benjamin bitten wollten." (Gr. Freund/Wizisla 2015 [1940], S. 349 f.) Mit der persönlichen Empfehlung ist entweder das französischsprachige beglaubigte Schreiben Horkheimers vom 8. Mai 1940 gemeint, in

Eventuell wird bereits an diesem Abend der Arzt Ramón Vila Moreno konsultiert.[129]

dem Walter Benjamin die Zugehörigkeit zum International Institute of Social Research, New York, bestätigt wird (Reproduktion, Transkript und Übersetzung als Dokument Nr. 1 in I. Scheurmann/Neue Dok. 1992, S. 22–25), oder das englischsprachige Affidavit von Horkheimer vom 6. August 1940, das Benjamin ein Non-Quota-Visum für die USA ermöglichte (Reproduktion bei Ott 1990, S. 310). Das erste Dokument trug Benjamin mit Sicherheit bei sich, es findet sich bei den von Ingrid Scheurmann herausgegebenen, im Gemeindearchiv Port-Bou entdeckten „Neuen Dokumenten" und ist aus unbekannten Gründen nicht, wie die anderen von Benjamin mitgeführten Dinge, dem Gerichtsarchiv Figueras übergeben worden (vgl. I. Scheurmann/Neue Dok. 1992, S. 7). Bei dem zweiten Dokument ist unklar, ob er eventuell eine Kopie bei sich trug. Die Gerichtsakte vermerkt in der Auflistung seiner Habseligkeiten unter dem Datum des 26. Septembers: „Eine Bescheinigung in Duplikat, ausgestellt vom INSTITUTE OF SOCIAL RESEARCH in New York." (Dokument Nr. 2 in: I. Scheurmann/Neue Dok. 1992, S. 30, 34, 38.)

129 Das Grenzkommissariat schrieb am 30. Oktober 1940 an Horkheimer, dass „Herr Walter" wegen seines „Sonnenstichs" im Hotel „sofort von einem Arzt aus Port-Bou besucht" wurde (Sols 1983 [1940] bei Tiedemann 1983, S. 1198), ohne dessen Namen zu nennen. Auf der 1992 aufgetauchten (formlosen) Arztrechnung stellte der Arzt Ramón Vila Moreno (gestorben 1944, vgl. Ott 1990, S. 311) insgesamt vier Besuche in Rechnung (vgl. Dokument Nr. 4 in I. Scheurmann/Neue Dok. 1992, S. 44 f.). Die Rechnung wurde dem lokalen Untersuchungsbericht des Stadtrichters beigelegt, der Name dann auch darein

Ein Abendessen gibt es nicht.[130]

übernommen. In dem Bericht wird der Name außerdem als Teil der Aussage des Hotelbetreibers Juan Suñer Jonama genannt: „[Der Hotelbesitzer] antwortete, daß dieser [Walter Benjamin] schon vor einigen Tagen aus Frankreich gekommen sei, daß er sofort krank wurde und jeden Tag vom Arzt dieses Ortes, Herrn Ramón Vila Moreno, behandelt wurde [...]" (Dokument Nr. 2 in: I. Scheurmann/Neue Dok. 1992, S. 29–41, Zitat der Übersetzung S. 37.) Suñer erwähnte den „Doktor Vila" 1979 auch in dem schon zitierten Zeitungsartikel namentlich (vgl. Costa 1990 [1979], S. 351). In David Mauas' Dokumentarfilm „Who killed Walter Benjamin..." wird darüber spekuliert, ob nicht auch ein anderer Arzt Benjamin behandelt haben könnte, weil Ramón Vila Moreno nach Auskunft von Zeitzeug:innen an Donnerstagen regelmäßig nicht in der Stadt gewesen sei. Es ist der Abend des 25. Septembers 1940, ein Mittwoch. Die weiteren Arztbesuche am nächsten Tag fielen somit auf einen Donnerstag. Dass jedoch Ramón Vila Moreno stellvertretend für einen anderen Arzt die Rechnung geschrieben haben sollte, erscheint mir nicht plausibel. Bedenkenswert ist allenfalls, dass der Name des Arztes auf dem Totenregistereintrag für Walter Benjamin nicht auftaucht, dass die Rechnung handschriftlich und formlos verfasst wird und mit „Spritzen, Blutdruckmessen und Aderlaß" (Dokument Nr. 4 in I. Scheurmann/Neue Dok. 1992, S. 45) äußerst vage bleibt. Dass sie aber eine bloß lancierte Rechnung wäre, um die Akte gegen eine andere Faktenlage „wasserdicht" zu machen, dafür gibt es m.E. nicht genügend Hinweise.

130 Das behauptet der anonyme Bericht mit Berufung auf seine Informantinnen, also Birman, Grete Freund

Benjamin trinkt einige Zitronensprudel.[131] Er schreibt eine Postkarte an die Vertretung des Instituts für Sozialforschung in Genf. Sie klingt verzweifelt, aber da der Schweizer Posten die Schaltstelle für Benjamins Visa-Angelegenheiten ist, mag noch Hoffnung auf eine Lösung bestehen.[132]

und/oder Henny Gurland. Auf Benjamins (postumen) Hotelrechnung vom 1. Oktober 1940 wird später gleichwohl ein Abendessen abgerechnet (vgl. Dokument Nr. 5 in: I. Scheurmann/Neue Dok. 1992, S. 46 ff.).

131 „gaseosas con limon". Die Hotelrechnung verzeichnet später fünf davon (vgl. I. Scheurmann/Neue Dok. 1992, S. 46 ff.).

132 Diese Postkarte traf in Genf Ende September bei Juliane Favez ein, der Sekretärin der dortigen Zweigstelle des Institutes für Sozialforschung. Sie verständigte Hans Mayer, der in seinen Erinnerungen („Ein Deutscher auf Widerruf") davon berichtet („Ende September" laut Mayer). Mayers Inhaltsangabe der Postkarte wird bei Tiedemann zitiert: „‚Benjamin schrieb nach Genf, weil von dort aus alle Einzelheiten seiner Emigration und der Einwanderung in die Vereinigten Staaten organisiert wurden. Nun teilte er mit, man lasse ihn nicht durch: irgendein Visum war offenbar nicht erteilt worden. Die Mitteilung enthielt außerdem Hinweise auf einen Todesfall in Paris, der ihn, Benjamin, sehr getroffen habe. Er wußte nicht weiter, das war ersichtlich.'" (Zit. bei Tiedemann 1983, S. 1203.) Mayer datiert die Karte auf den 26. September, Tiedemann korrigiert das auf den 25. September. Beide Daten sind möglich. Erhoffte sich Benjamin noch Hilfe aus Genf, dann ist wahrscheinlich, dass die Karte noch vor der Tabletteneinnahme, also am 25. geschrieben wurde. Da der genaue Wortlaut der Karte nicht bekannt ist, ist auch denkbar, dass es eine Art Abschiedsbrief war. Darauf ließe sich aufgrund des Hinweises auf den anderen Todesfall schließen. Mayer schreibt allgemein von einem „Todesfall in Paris"; es

dürfte sich um die Selbsttötung eines Freundes gehandelt haben, den Benjamin während der Internierung, wahrscheinlich in Vernuche, kennengelernt hatte. Davon spricht Hannah Arendt in dem Brief an Gershom Scholem vom 17. Oktober 1941: „Im Januar nahm sich einer seiner jungen Freunde aus dem Lager, der zufällig auch ein Freund oder Schüler meines Mannes war, das Leben. Das hatte im Wesentlichen ganz private Gründe. Diese Sache hat ihn außerordentlich beschäftigt und er nahm in allen Gesprächen mit wirklich leidenschaftlicher Vehemenz die Partei dieses Jungen und seines Entschlusses." (Arendt/Wizisla 2015 [1941], S. 324.) Nathalie Raoux und Irving Wohlfarth führen noch etwas konkreter aus: „Dieser [der Freund] war dem Lager Vernuche durch seinen unfreiwilligen Eintritt in die Fremdenlegion entkommen. Nachdem er die kurze Zwischenfrist mit seiner Gefährtin verbracht hatte, beging er am Vorabend seiner Einberufung in einem Pariser Hotel mit ihr Selbstmord." (Raoux/Wohlfarth 2008, S. 142, Fußnote 185.) Mit der Geschichte wiederholte sich ein Erlebnis, das Benjamin mit seinem Freund Christoph Friedrich Heinle hatte, der sich zu Beginn des Ersten Weltkriegs ebenfalls mit seiner Freundin (Friederike Seligson) das Leben nahm. Benjamin verwahrte Heinles Nachlass. All dies lässt auch eingedenk des langen Postlaufs einer Karte in die Schweiz sowie der zu erwartenden Zeitverzögerung eventueller Interventionen aus den USA den Schluss zu, dass die Nachricht Benjamins nach Genf eher als Abschiedsbrief zu verstehen ist (insofern auf diesem Wege ein Hilferuf keinen Sinn machen würde) und daher durchaus auch erst am 26. September geschrieben worden sein könnte.

Ca. 22.00 Uhr

Die Hoffnung schwindet. „[A]bends um 10 Uhr“[133] schluckt Benjamin die ersten der insgesamt noch 31 Morphiumtabletten, die er seit einiger Zeit mit sich führt.[134] Er schluckt sie nicht alle auf einmal, um sie nicht zu erbrechen. Mit Blick auf seine Taschenuhr nimmt er sie gestaffelt ein in einem unbekannten Intervall, auf jeden Fall so, dass sich der Prozess der Betäubung über mehrere Stunden hinzieht.[135] Während dieser Zeit schreibt er einen Abschiedsbrief von wenigen Zeilen.[136]

Donnerstag, 26. September 1940, Nachtstunden, vor Sonnenaufgang

Die Gruppe um Birman versucht indessen, sich die Hilfe des Hotelbetreibers Juan Suñer Jonama zu erkaufen. Neben regulärer Barschaft sind Sophie Lippmann und Carina Birman im Besitz mehrerer Goldmünzen.[137] In der Nacht, wahrscheinlich in den frühen Morgenstunden noch vor Sonnenaufgang, sucht Lippmann im Haus den Betreiber Suñer auf.[138] Sie verspricht, ihm und dem Polizeichef die Goldmünzen auszuhändigen, wenn Suñer ihnen mit der Polizei helfen würde. Der Hotelbetreiber ist der Meinung, dass nur der Polizeichef selbst seine Anweisung zurücknehmen kann, nicht vor 10.00 Uhr am Morgen – zu einer Zeit also, zu der die Rückführungen schon stattfinden sollen. Er erklärt sich jedoch bereit, einen Kontakt herzustellen, sobald die Sonne aufgegangen ist.[139]

133 Gurland/Scholem 2016 [1940/1975], S. 280.

134 **Das ist durch Arthur Koestler bekannt** (siehe Anmerkung 42 sowie ausführlicher das Kapitel „Arthur Koestler verzählt sich" hier in diesem Text). **Walter Benjamin hat ihm die Hälfte der ursprünglich 62 Tabletten in Marseille gegeben** (vgl. Koestler/Scum 2006 [1941], S. 244). **Koestlers Angaben, was die Anzahl sowie die vermutete Wirkungsweise der verbliebenen Tabletten betrifft, schwanken jedoch in verschiedenen Buchausgaben und in der Übersetzung. Laut Koestler besorgte sich Benjamin die Tabletten bereits nach dem Reichstagsbrand** (vgl. ebd.), **der sich in der Nacht vom 27. auf den 28. Februar 1933 zweieinhalb Wochen vor Benjamins Emigration nach Paris ereignete. Wenn das stimmt, wären die Präparate jetzt schon mehr als sieben Jahre alt.**

135 Zu diesen Schlussfolgerungen siehe unten das Kapitel zu Arthur Koestlers „Suizid-Protokoll".

136 **Nicht zu verwechseln mit der Postkarte nach Genf, die ebenfalls die Funktion eines Abschiedsbriefes gehabt haben könnte.**

137 Vgl. Birman/Foothold 2006 [1975], S. 4 f.; Birman/Wizisla 2015 [1975/2006], S. 362.

138 **Birman: „Während der dunklen Nachtstunden schlich sie herum, um den Hotelleiter zu finden [...]."** (Birman/Wizisla 2015 [1975/2006], S. 362; Birman/Foothold 2006 [1975], S. 4 f.)

139 Vgl. Birman/Foothold 2006 [1975], S. 5; Birman/Wizisla 2015 [1975/2006], S. 362.

Dabei fallen heftige Atemgeräusche in Benjamins Zimmer auf.[140] Sophie Lippmann informiert ihre Zimmergenossin Carina Birman, die sich in das Zimmer 4 begibt, wo sie Benjamin extrem geschwächt und halb entkleidet auf dem Bett vorfindet. Er sagt ihr, dass er auf keinen Fall zur Grenze zurückkehren werde. Auf Birmans Einwand hin deutet Benjamin eine Alternative an: die Giftpillen. Dabei beobachtet er mit Blick auf seine „große goldene Großvateruhr“[141] ständig die Zeit.[142]

140 Joseph Gurland erinnert sich 40 Jahre später an den lauten Atem, den man durch die Zimmertür hindurch hörte (vgl. Ott 1990, S. 311). Birman berichtet, Sophie Lippmann hörte auf der Suche nach dem Hotelbetreiber „im Flur ein lautes Rasseln aus einem der angrenzenden Zimmer." (Birman/Wizisla 2015 [1975/2006], S. 362; Birman/Foothold 2006 [1975], S. 5: „loud rattling".) Der Hotelbetreiber Suñer will heftige Atemgeräusche bereits am Abend zuvor vernommen haben: „‚Nachdem die Polizei weg war, fing er an, laute Schnaufer auszustoßen, die wir bis ins unterste Stockwerk hörten. Das ist das, woran ich mich am deutlichsten erinnere: die Schnaufer, die dieser Mann ausstieß und daß er anschwoll; er wurde ganz dick, und dabei war er ohnehin schon sehr kräftig.'" (Costa 1990 [1979], S. 351.)

141 Birman/Wizisla 2015 [1975/2006], S. 362; Birman/Foothold 2006 [1975], S. 5. Die Taschenuhr wird zusammen mit den anderen Habseligkeiten sehr detailliert in der Gerichtsakte verzeichnet und beschrieben (vgl. Dokument Nr. 2 in I. Scheurmann/Neue Dok. 1992, S. 29 f., 33 f., 37 f.). Am Ende der Akte wird hinsichtlich der Übergabe von Benjamins Habseligkeiten an das Amtsgericht in Figueras die Uhr noch explizit erwähnt (vgl. ebd., S. 32, 36, 40). Der Hotelbetreiber Suñer hingegen sagt 1979: „‚Er hatte eine goldene Armbanduhr [sic], ich glaube, die ist nicht wieder aufgetaucht.'" (Costa 1990 [1979], S. 351.) In dieser Übersetzung ist es eine „Armbanduhr".

142 Birman: „Ich betrat das Zimmer und fand Prof. Benjamin in desolater geistiger und körperlicher Verfassung vor. Er teilte mir mit, dass er auf keinen Fall

Birman bemüht sich, ihm die Sache auszureden oder ihn zumindest davon zu überzeugen, das Ergebnis des Bestechungsversuchs abzuwarten.[143] Benjamin hält den für aussichtslos[144] und verlangt nach seiner Begleiterin Henny Gurland.[145]

Ca. 6.00 oder 7.00 Uhr

Gegen 6.00 oder 7.00 Uhr morgens weckt Sophie Lippmann Henny Gurland, und der Wirt führt sie zu Benjamin.[146] Als Henny Gurland eintrifft, verlässt Carina Birman den Raum.[147] Benjamin teilt Gurland mit, dass er um 10.00 Uhr abends „große Mengen Morphium" geschluckt habe. Gurland solle die Sache als Krankheit darstellen. Er gibt ihr den Abschiedsbrief an sie und Theodor W. Adorno.[148]

bereit sei, zur Grenze zurückzukehren oder das Hotel zu verlassen. Als ich anmerkte, dass es keine Alternative gäbe außer zu gehen, erklärte er, dass es für ihn eine gäbe. Er deutete an, dass er ein paar sehr wirksame Giftpillen bei sich trüge. Er lag halbnackt auf dem Bett und hatte seine wunderschöne große goldene Großvateruhr aufgeklappt neben sich auf einem kleinen Brett liegen und beobachtete ständig die Zeit." (Birman/Wizisla 2015 [1975/2006], S. 362; Birman/Foothold 2006 [1975], S. 5.)

143 Vgl. Birman/Foothold 2006 [1975], S. 5; Birman/Wizisla 2015 [1975/2006], S. 363.

144 Dass Benjamin „ständig die Zeit" beobachtete, deutet darauf hin, dass er um diese Zeit die Tabletten ganz oder teilweise schon eingenommen hatte (siehe unten das Kapitel zu Arthur Koestlers „Suizid-Protokoll" sowie die Anmerkung 263 hier in diesem Text).

145 Vgl. Gurland/Scholem 2016 [1940/1975], S. 280.

146 Vgl. ebd. sowie Anonym/Wizisla 2015 [1940], S. 346. Der anonyme Bericht gibt „sechs Uhr früh" an, Gurland „[m]orgens um 7". Bei Gurland wird sie von Lippmann zu Benjamin heruntergerufen, in dem anonymen Bericht „von dem Wirt".

147 Vgl. Birman/Foothold 2006 [1975], S. 5; Birman/Wizisla 2015 [1975/2006], S. 363.

148 Gurland: „Er sagte mir, daß er abends um 10 Uhr große Mengen Morphium genommen hätte und ich versuchen solle, die Sache als Krankheit darzustellen, gab mir einen Brief an mich und an Adorno TH. W ... [sic!] Dann verlor er das Bewußtsein." (Gurland/Scholem 2016 [1940/1975], S. 280. Die Interjektion hinter „TH. W ..." ist

„Es standen fünf Zeilen drin, die besagten, daß er, Benjamin, nicht weiter könne, keinen Ausweg sähe und er [Adorno] sich von mir [Gurland] erzählen lassen solle, ebenso sein [Benjamins] Sohn [Stefan].“[149] Henny Gurland liest den Brief:

> „Dans une situation sans issue, je n'ai d'autre choix que d'en finir. C'est dans un petit village dans les Pyrénées où personne ne me connaît ma vie va s'achever. [Absatz] Je vous prie de transmettre mes pensées à mon ami Adorno et de lui expliquer la situation où je me suis vu placé. Il ne me reste pas assez de temps pour écrire toutes ces lettres que j'eusse voulu écrire.“[150]

schon bei Scholems Wiedergabe des Gurland-Briefes eingefügt.)

149 Das schreibt Henny Gurland an Arkadi Gurland (Gurland/Scholem 2016 [1940/1975], S. 281). Der Sohn ist Stefan Rafael Benjamin (1918–1972), dessen Mutter Dora Sophie Benjamin (geb. Kellner, 1890–1964). Dora und Walter Benjamin ließen sich 1930 scheiden.

150 Im Nachlass Adornos, in dem sich die Abschrift von Henny Gurlands Brief befindet, fand sich auf Französisch auch diese handschriftliche Rekonstruktion der „fünf Zeilen", die Henny Gurland später aus dem Gedächtnis angefertigt hat. Der französische Originalwortlaut wird ohne Übersetzung u.a. wiedergegeben bei Tiedemann (in: Walter Benjamin GS V/2, S. 1203). Dort wird er wahrscheinlich vom Herausgeber auf den 25. September 1940 datiert, überschrieben mit „BENJAMIN AN HENNY GURLAND [UND ADORNO?]." (Ebd., die eckigen Klammern und die offene Frage nach dem Empfänger Adorno dort.) Tiedemann verglich die Handschrift mit einer Schriftprobe Henny Gurlands, die er von ihrem Sohn Joseph/José erhielt, nachdem er diesen ausfindig gemacht hatte. Tiedemann kam zu dem Schluss, dass es sich um die Originalhandschrift Henny Gurlands handelt (vgl. ebd., S. 1202). Hinsichtlich dieses letzten Briefes muss man der Auskunft Henny Gurlands vertrauen, die die einzige Quelle für die Existenz und den von ihr nachträglich erinnerten, äußerst knappen Inhalt dieses Briefes ist. Lisa Fittkos 40 Jahre später abgegebener Bericht über das Manuskript in der schwarzen Aktentasche lässt Tiedemann im Apparat zu Benjamins „Passagen-Werk" (GS V/2) darüber spekulieren, was Benjamin mit „mes

> „In einer ausweglosen Lage habe ich keine andere Wahl, als ihr ein Ende zu setzen. In einem kleinen Dorf in den Pyrenäen, in dem mich keiner kennt, wird mein Leben enden. Ich bitte Sie, meine Gedanken an meinen Freund Adorno zu übermitteln und ihm die Situation zu erklären, in die ich mich versetzt fand. Ich habe nicht mehr die Zeit, um all die Briefe zu schreiben, die ich gern geschrieben hätte."

Daraufhin verliert Walter Benjamin das Bewusstsein.[151]

pensées", „meine Gedanken, Überlegungen", gemeint haben könnte: seinen Tatentschluss, den letzten Brief selbst – oder nicht doch ein neues Manuskript? (Vgl. Tiedemann 1983, S. 1203.) Diese Zeilen wurden wiederabgedruckt in Adornos und Benjamins Briefwechsel (Theodor W. Adorno, Walter Benjamin: Briefwechsel 1928–1940. Herausgegeben von Henri Lonitz. Frankfurt/M. 1994, S. 445. Das Originaldokument befindet sich im Theodor W. Adorno Archiv, Frankfurt am Main.).

151 Vgl. Gurland/Scholem 2016 [1940/1975], S. 280. Wann genau Benjamin das Bewusstsein verliert, bleibt vage. Jedenfalls kommt er wahrscheinlich den Tag über nicht mehr zu sich. Der anonyme Bericht kürzt die Sache ab und liefert auch Benjamins Abschiedsworte mit: „Herr Professor Benjamin sagte nur die Worte: ‚Wieso lebe ich noch, ich müsste doch gestorben sein', fing dann an zu rechnen, und starb." (Anonym/Wizisla 2015 [1940], S. 346.) Der falsche Professorentitel deutet darauf hin, dass diese Details auf Birman zurückgehen, für die Benjamin noch in ihren späteren Erinnerungen ein Professor ist (vgl. z.B. Birman/Wizisla 2015 [1975/2006], S. 360; Birman/Foothold 2006 [1975], S. 3). Auch das Rechnen korreliert mit der in Birmans persönlichen Erinnerungen erwähnten Fixierung Benjamins auf die Uhr (siehe dazu die Anmerkung 263 hier in diesem Text). Für Birman war Benjamin schon an diesem Morgen (des 26. Septembers) gestorben: „Am nächsten Morgen erfuhren wir, dass es [sich das Leben zu nehmen] ihm gelungen war und er nicht länger unter uns weilte." (Birman/Wizisla 2015 [1975/2006], S. 363; Birman/Foothold 2006 [1975], S. 5.) In ihrer Schilderung spielten sich die oben beschrie-

benen Ereignisse „während der dunklen Nachtstunden“ ab (Birman/Wizisla 2015 [1975/2006], S. 362; Birman/Foothold 2006 [1975], S. 4). Nach meiner Rekonstruktion handelte es sich um die Nacht vom 25. auf den 26. September. Früh um 6.00 Uhr (Anonym/Wizisla 2015 [1940], S. 346) bzw. um 7.00 Uhr (Gurland/Scholem 2016 [1940/1975], S. 280) des 26. Septembers reagierten die Frauen und der Wirt auf Benjamins laute Atemgeräusche. Etwa um 10.00 Uhr morgens wurden Birman und ihre Begleiterinnen zur Rückführung abgeholt. Als sie am Abend des 26. Septembers zurück ins Hotel kamen, beobachteten sie die Prozession des katholischen Priesters für den toten Benjamin: „Wir hatten die unglückseligen Ereignisse der *letzten Nacht* völlig vergessen [...]“ (Birman/Wizisla 2015 [1975/2006], S. 367; Birman/Foothold 2006 [1975], S. 9; [Hervorhebung von mir, MR].) In der *kommenden* Nacht, vom 26. auf den 27. September, verließen die vier Frauen bereits Port-Bou mit dem Nachtzug nach Barcelona. „Am nächsten Morgen“, als Birman vom vermeintlichen Gelingen des Suizidversuchs erfuhr, meint folglich den Morgen des 26. Septembers. Benjamin war zu diesem Zeitpunkt mutmaßlich noch nicht klinisch tot, sondern lag im Koma. Birmans Bemerkung offenbart jedoch, dass er abgeschrieben war, was auch die von Gurland bezeugte Weigerung des Arztes erklärt, ihn nicht mehr in ein Krankenhaus nach Figueras zu bringen. Henny Gurland wird daher bereits im Verlauf dieses Tages (26. September) beginnen, die den Tod betreffenden bürokratischen Angelegenheiten zu regeln, obwohl der offizielle Todeszeitpunkt erst am Abend dieses Tages um 22.00 Uhr festgestellt werden wird.

Gurland ruft einen Arzt,[152] der schnell vor Ort ist, aber Benjamin für nicht mehr transportfähig hält[153] und auf Gurlands „dringendes Verlangen, Benjamin in ein Krankenhaus zu befördern, d. h. nach Figueras, alle Verantwortung dafür ablehnte, da Benjamin schon ein Sterbender sei."[154] Es werden mehrere Telefonate geführt.[155]

152 Oder lässt ihn rufen, wie der anonyme Bericht angibt (vgl. Anonym/Wizisla 2015 [1940], S. 346). Gurland selbst sagt: „Ich rief einen Arzt [...]." (Gurland/Scholem 2016 [1940/1975], S. 280.)
153 Vgl. Gr. Freund/Wizisla 2015 [1940], S. 350. Grete Freund verwendet dort den Begriff „Koma" und weiß konkret um „eine starke Dosis Morphium" (ebd.).
154 Gurland/Scholem 2016 [1940/1975], S. 280. Die Verweigerung des Transports nach Figueras könnte auch teilweise dadurch bestimmt gewesen sein, dass Benjamin einen ungeklärten Aufenthaltsstatus hatte. Dem entgegen spricht, dass dieser angezweifelte Status kurz darauf für die anderen Personen keine große Rolle mehr spielte und Benjamin für Spanien eigentlich gültige Papiere besaß. Dass ein Arzt (wahrscheinlich Ramón Vila Moreno) Benjamin bereits am Abend des 25. Septembers wegen seiner Kreislaufbeschwerden aufsuchte, legt der Bericht der Grenzpolizei an Horkheimer nahe (vgl. Sols 1983 [1940] bei Tiedemann 1983, S. 1197 f.). Es handelt sich also an diesem Morgen mutmaßlich um den zweiten, vielleicht sogar dritten der insgesamt vier Besuche des Arztes (vgl. Dokument N. 4 in I. Scheurmann/Neue Dok. 1992, S. 44 f.). Der anonyme Bericht formuliert auch: „Die Madame Gurland ließ sofort den Arzt holen [...]" (Anonym/Wizisla 2015 [1940], S. 346) – *den* Arzt, nicht irgendeinen, so als wäre er schon bekannt.
155 Vgl. Birman/Foothold 2006 [1975], S. 5; Birman/Wizisla 2015 [1975/2006], S. 363. Die Hotelrechnung weist später vier Telefongespräche zu insgesamt 8,80 Peseten aus (vgl. Dokument Nr. 5 in I. Scheurmann/Neue Dok. 1992, S. 46 ff.).

Carina Birman erreicht das amerikanische Konsulat in Barcelona, das sich für nicht zuständig hält und nicht weiterhilft, „trotz vieler Erklärungen".[156] Der Hotelleiter serviert den Frauen heißen Kaffee.[157]

Ca. 10.00 Uhr

„Mitten im Sterben des Professor Benjamin"[158] werden gegen 10.00 Uhr Birman und ihre Schwester, Lippmann und Freund von „zwei uniformierte[n] spanische[n] Gendarmen"[159] für die Rückführung zur Grenze abgeholt.[160]

156 **Gurland: „(Die Leute dort haben abgelehnt sich um uns zu kümmern, trotz vieler Erklärungen).“** (Gurland/Scholem 2016 [1940/1975], S. 281.) **Birman schreibt: „Während des ganzen Morgens stand das Telefon nicht still. Alle möglichen Personen wurden erreicht und um Hilfe gebeten.“** (Birman/Wizisla 2015 [1975/2006], S. 363; Birman/Foothold 2006 [1975], S. 5.)

157 Vgl. Birman/Foothold 2006 [1975], S. 5; Birman/Wizisla 2015 [1975/2006], S. 363. (Dort etwas irreführend „warden“ als „Wächter“ übersetzt. Gemeint ist „the hotel warden“, vgl. die engl. Version S. 4.)

158 Anonym/Wizisla 2015 [1940], S. 346. **Benjamin ist also noch nicht tot.**

159 Birman/Wizisla 2015 [1975/2006], S. 363; Birman/Foothold 2006 [1975], S. 5: **„two uniformed Spanish gendarmes“.**

160 Vgl. Anonym/Wizisla 2015 [1940], S. 346. Zu Birmans Perspektive vgl. Birman/Foothold 2006 [1975], S. 5 ff.; Birman/Wizisla 2015 [1975/2006], S. 363 ff. **Henny Gurland ist hinsichtlich des Tages insofern eindeutig: „Wie vorher besprochen, holten die Gendarmen die vier Frauen *am Morgen des Sterbetages* von Benjamin ab.“** (Gurland/Scholem 2016 [1940/1975], S. 280; Hervorhebung von mir, MR). **Damit ist nicht gesagt, dass Benjamin zu genau dieser Tageszeit schon tot ist. Der Satz lautet in der bei Scholem wiedergegebenen Version des Briefauszuges genau so, wie er hier zitiert ist. In dem mutmaßlich von dort übernommenen Text, der bei Tiedemann im Apparat des „Passagen-Werks“ abgedruckt ist** (GS V/2, S. 1196) **schleicht sich eine folgenschwere Veränderung ein, die als Fehler gelten muss, sofern dort tatsächlich Scholems**

Die Birman-Gruppe versucht, Zeit zu schinden. Jemand sei eingeschritten, man warte gerade auf die spanischen Papiere. Es wird ihnen eine halbe Stunde gewährt.[161] Die Gendarmen telefonieren mit dem Polizeichef und bestehen anschließend darauf, dass die Frauen mit zur Grenze kommen – auf den Berggipfel, den ersten Eintrittspunkt auf spanischen Boden. Nur dort könnten sie eine Einreiseerlaubnis bekommen.[162] Die vier Frauen der Birman-Gruppe verlassen in Begleitung der zwei Polizisten das Hotel.[163]

Version und nicht die Originalabschrift im Adorno-Nachlass als Vorlage diente: „Wie vorher besprochen, holten die Gendarmen die vier Frauen am *nächsten* Morgen des Sterbetages von Benjamin ab.“ (Hervorhebung von mir, MR.) Die bei Tiedemann reproduzierte Version wird auch in die Textsammlung bei Wizisla übernommen (vgl. Wizisla 2015, S. 353, 382). In der ersten Veröffentlichung dieses Briefauszuges bei Scholem ist das „nächsten“ nicht vorhanden. Möglicherweise erklärt sich aus dem veränderten Zitat neben der ohnehin etwas missverständlichen Konstruktion die Verwirrung darüber, ob Benjamin am 26. oder am 27. September verstorben sei. Dass Gurlands Zeitangaben denen der anderen Zeuginnen widersprechen sollen, scheint Ergebnis dieser Missinterpretation zu sein und ist nach der Revision des Wortlautes nicht haltbar. Der Widerspruch existiert nicht. (Siehe auch die Anmerkung 200 hier in diesem Text.)

161 Vgl. Birman/Foothold 2006 [1975], S. 6; Birman/Wizisla 2015 [1975/2006], S. 363.

162 Vgl. ebd.

163 Carina Birman schildert die seltsame Situation, dass die rückführenden Beamten ihnen dabei die Rucksäcke trugen. Die folgenden Ereignisse auf diesem Weg beschreibt sie in ihren Fluchterinnerungen „The Narrow Foothold“. Von den weiteren Vorgängen im Hotel de Francia während dieses Tages bekam die Gruppe (Birman und ihre Schwester, Lippmann, Freund) bis zum Abend nichts mehr mit. Umgekehrt blieb Henny Gurland wahrscheinlich verborgen, wie die Bestechungsversuche der Birman-Gruppe langsam zum Erfolg führten. Erst am Abend trafen beide Gruppen wieder aufeinander. Birman

berichtet, dass ihr Aufstieg mehrere Stunden dauerte. Ein dickes Seil „[a]uf dem Gipfel“ (Birman/Wizisla 2015 [1975/2006], S. 363; Birman/Foothold 2006 [1975], S. 6) markierte die Grenze zwischen Spanien und Frankreich. Die Frauen wurden an eine Telefonzelle verwiesen, die sich dort befand. Ein Grenzstationsgebäude sei nicht zu sehen gewesen, jedoch französische und „Nazi-Beamte“ („French and Nazi officers“) jenseits des Seiles. Die Frauen beschwerten sich. Die Polizisten schlugen den Frauen vor, von der Telefonzelle aus bei der Polizei in Port-Bou telefonisch ihre Einreisepapiere anzufordern. Die dazu notwendigen Münzen erhielten die Frauen von den Polizisten. „Uns wurde gesagt, dass wir zu ungeduldig seien und dass wir in ein paar Stunden damit rechnen könnten, die Genehmigungen zu erhalten. Wir waren verzweifelt. Die Gendarmen lachten und sagten, wir sollten dankbar sein, dass sie nicht das Seil entknoteten und uns den Zollbeamten auf der anderen Seite der Grenze übergäben, wie es ihnen geraten worden sei. Mit dieser Erklärung verschwanden sie und überließen uns der Gnade des Unbekannten.“ (Birman/Wizisla 2015 [1975/2006], S. 364; Birman/Foothold 2006 [1975], S. 6.) Ein Unwetter zog auf. In den Regengüssen „rutschten“ die Frauen unbegleitet wieder talwärts nach Port-Bou, das sie zwischen 17.00 und 18.00 Uhr erreichten. Sie suchten – trotz Warnungen, dass einige Stunden zuvor zwei Geflüchtetengruppen verhaftet und den Deutschen ausgeliefert worden seien – das nächste spanische Zollamt auf. Laut der Darstellung Birmans wurden die Frauen hinsichtlich ihrer zugerichteten Kleidung zunächst „für Zigeuner“ gehalten und „davongejagt“.

Schließlich kam der Amtsleiter – der „Polizeichef", den man am Morgen versucht hatte, vom Hotel de Francia aus telefonisch zu erreichen. Er verlangte die Papiere und brachte Stühle für die Frauen. Nach einer Wartezeit kehrte er „mit einem sehr mürrischen Gesichtsausdruck" (Birman/Wizisla 2015 [1975/2006], S. 365; Birman/Foothold 2006 [1975], S. 7) zurück und schob die mit einem Sichtvermerk versehenen Papiere ("'I have visaed your 'papels' [...]'", Birman/Foothold 2006 [1975], S. 7) zusammen mit Hinweisen für eine Reiseroute durch Spanien „‚zu einem speziellen Ausreiseort'" (Birman/Wizisla 2015 [1975/2006], S. 365; Birman/Foothold 2006 [1975], S. 7) in die Tasche von Birmans Regenmantel. Er sprach Französisch und wies an, dass die Frauen Port-Bou noch heute Nacht zu verlassen hätten. Anschließend wurden die Frauen zur Zollinspektion gebracht, wo man bei Birman 200 undeklarierte Francs fand. Sie wurden eingezogen. Die Frauen erhielten die offizielle Genehmigung, spanischen Boden zu betreten. In Birmans Beschreibung der Ereignisse tauchte nun der Hotelbesitzer – offenbar bei der Zollkontrolle – wieder auf, der die am Morgen versprochenen Goldmünzen einforderte. Birman mutmaßt: „Er musste mit dem Polizeichef gesprochen haben, damit dieser seinen vorherigen Befehl zurückzog, aber zu spät, um uns dazubehalten." (Birman/Wizisla 2015 [1975/2006], S. 366; Birman/Foothold 2006 [1975], S. 8.) Birman übergab die Goldmünzen mehr oder weniger heimlich dem Hotelbesitzer. „Ein ganz anderer Mensch schaute mich freundlich an." (Ebd.) Daraufhin versprach der Hotelbesitzer, sich um alles zu kümmern. „Mit einem freundlichen Nicken

des Polizeichefs waren wir entlassen." (Birman/Wizisla 2015 [1975/2006], S. 366; Birman/Foothold 2006 [1975], S. 9.) Die Gruppe ging zurück zum Hotel de Francia. Der Hotelbesitzer „gab uns allen geräumige Zimmer und wies uns an, in einer Stunde zum Abendessen zu erscheinen." (Ebd.) Soweit Carina Birman in ihren 1975 aufgezeichneten, 2006 auf Englisch und 2015 auszugsweise auf Deutsch veröffentlichten Fluchterinnerungen (Birman/Foothold 2006 [1975], S. 5–9; Birman/Wizisla 2015 [1975/2006], S. 363–366). Die Zuverlässigkeit dieses Erzählens muss ähnlich wie bei Lisa Fittko angesichts der mehrere Jahrzehnte später erfolgten Aufzeichnungen entsprechend vorsichtig eingeschätzt werden. Neben verschiedenen subjektiven Wahrnehmungsfärbungen klingt in dem Text zudem an, dass sich Birman die Vorgänge, die sich im Hintergrund abgespielt haben mögen, die Motivation der beteiligten Polizisten, die bürokratischen Spitzfindigkeiten etc. (trotz ihrer juristischen Ausbildung) selbst nicht restlos erschlossen haben. Der anonyme Bericht von 1940, der ja zum Teil höchstwahrscheinlich auch auf Birmans Aussagen direkt nach der Ankunft in Lissabon zurückgehen soll, stellt den Ablauf anders dar: „Die vier Frauen [...] zogen mit den Gendarmen den Weg zu Fuß zur Grenze. Ungefähr ein Kilometer weit, nachdem sie Portbou verlassen hatten, kam der Wirt des Hotels auf sie zu und fragte, ob sie sich mit den Gendarmen einigen wollten. Um es kurz zu sagen, gegen die Zahlung von 2.000 Francs pro Kopf, circa 100 Dollars für alle vier Frauen, wurden sie auf die Polizei zurückgebracht und erhielten dort ihren Eingangsstempel." (Anonym/Wizisla 2015 [1940], S. 346.)

Henny Gurland und ihr Sohn dürfen „auf Bitten des Wirtes“[164] als direkte Begleitung Benjamins zunächst „bei dem Sterbenden“[165] im Hotel bleiben. Der Arzt stellt eine Verschreibung aus, die Joseph/José Gurland in der Apotheke einlöst, während seine Mutter bei Benjamin verweilt.[166]

Der weitere Tagesverlauf

Ohne Einreisenachweis und Zollkontrolle verbringen Henny Gurland und ihr Sohn „nun den Tag mit Polizei, Maire und Juge[167] [...],

Henny Gurland macht folgende Andeutungen: „Du kennst Birmann [sic] und kannst unseren Zustand beurteilen, wenn ich Dir erzähle, daß sie und die anderen oben an der Grenze angekommen, sich weigerten weiterzugehen und sich damit einverstanden erklärten, ins Konzentrationslager nach Figueras zurückgebracht zu werden." (Gurland/Scholem 2016 [1940/1975], S. 280.) Gurland bestätigt damit aus zweiter Hand zumindest die Birman-Auskunft, dass dieselbe wieder oben in den Bergen war.

164 So der anonyme Bericht (Anonym/Wizisla 2015 [1940], S. 346).

165 Ebd. Im Gegensatz zu Carina Birman, für die Benjamin quasi tot ist (siehe Anmerkung 151 hier in diesem Text), legt der anonyme Bericht mit dieser Formulierung nahe, dass es sich bei Benjamins Sterbeprozess um einen gerade noch andauernden zeitlichen Verlauf handelt.

166 Diese Auskunft gibt Joseph Gurland in einem Brief an Rolf Tiedemann vom 25. Juni 1981 (wiedergegeben bei Ott 1990, S. 311). Es stellt sich die Frage, welche Medikamente das gewesen sein könnten, wenn der Arzt Benjamin schon für einen „Sterbenden" hielt (mehr Morphium?). Medikamente tauchen nicht in der Arztrechnung, wohl aber im Wert von 13 Peseten als „Apotheke"/„farmacia" in der Hotelrechnung auf (vgl. Dokument Nr. 5 in I. Scheurmann/Neue Dok. 1992, S. 46 ff.). In der Arztrechnung stehen allgemein „Spritzen" (vgl. Dokument Nr. 4, ebd., S. 44 f.).

167 Bürgermeister und Richter – die Rolle des Bürgermeisters von Port-Bou bleibt hier unklar, er findet nirgendwo sonst Erwähnung. Allerdings sind die von Ingrid Scheurmann herausgegebenen „Neuen Dokumente"

die sämtliche Papiere nachsahen und einen Brief an die Dominikaner in Spanien fanden."[168] Dieses Schreibens wegen wird der örtliche katholische Pfarrer geholt.[169] Dessen Name ist Andrés Freixa.[170] Joseph Gurland sieht ihn in vollem Ornat und in Begleitung von einem oder zwei glöckchenläutenden Chorknaben in das Hotel de Francia eilen, als er aus der Apotheke zurückkommt.[171]

1992 im alten Rathaus aufgefunden worden, in dem sich früher das Gemeindearchiv befand. Wahrscheinlich sind die sich anschließenden bürokratischen Amtshandlungen hier vorgenommen worden.

168 Gurland/Scholem 2016 [1940/1975], S. 280. Von diesem Brief der Dominikaner berichtet auch Hannah Arendt in ihrem Brief vom 17. Oktober 1941 an Gershom Scholem: „Die Dominikaner hatten ihm einen Empfehlungsbrief an irgendeinen spanischen Abt mitgegeben. Der hat uns allen damals mächtig imponiert, war aber vollkommen sinnlos." (Arendt/Wizisla 2016 [1941], S. 326 f.) Vgl. ferner Nathalie Raoux und Irving Wohlfarth, die mitteilen, dass Benjamin den Brief Jean Ballard verdanke. Dieser gab die Zeitschrift „Cahiers du Sud" heraus und habe bereits zuvor für Ernst Erich Noth bei dem Orden um Hilfe gebeten (vgl. Raoux/Wohlfarth 2008, S. 118, Fußnote 61). Die Bemühungen Ballards, bei der Führung des Lagers bei Nevers die Entlassung Benjamins zu erreichen, erwähnt auch Palmier (vgl. Palmier 2009, S. 559, Fußnote 335).

169 Vgl. Gurland/Scholem 2016 [1940/1975], S. 280.

170 Der Name ist den später von I. Scheurmann herausgegebenen Dokumenten (vgl. die Kostenaufstellung des Priesters, Reproduktion als Dokument Nr. 6 bei I. Scheurmann/Neue Dok. 1992, S. 49 f.) sowie den von Freixa selbst geführten Listen: dem kirchlichen Sterbebuch und dem Grabnischenregister zu entnehmen (vgl. Cussó-Ferrer 1992, S. 161).

171 Vgl. Ott 1990, S. 311, 313. Die Informationen Joseph Gurlands gehen auf die Korrespondenz Tiedemanns mit ihm zurück.

Gemeinsam mit Freixa betet Henny Gurland eine Stunde an Benjamins Bett.[172] Sie verschweigt, dass Benjamin Jude ist. Freixa gibt ihm die Letzte Ölung.[173]

Im Verlauf des Tages kommt der Arzt wahrscheinlich ein weiteres Mal, solange Benjamin noch im Koma liegt. Der Arzt nimmt laut seiner Rechnung einen Aderlass vor, gibt Spritzen, misst den Blutdruck.[174]

172 Gurlands Wortlaut: „Ich mußte den Curé holen und habe mit ihm eine Stunde lang auf den Knien gebetet." (Gurland/Scholem 2016 [1940/1975], S. 280.)

173 Die Letzte Ölung ist notiert im Sterberegister Nr. III der Pfarrei Santa Maria von Port-Bou (zitiert und in Kopie reproduziert bei Cussó-Ferrer 1992, S. 161) und wird explizit in dem anonymen Bericht erwähnt (vgl. Anonym/Wizisla 2015 [1940], S. 346). Diese Handlungen offenbaren, dass Freixa nicht im Bilde war über den Suizid. Der Geistliche wusste also weder von Benjamins jüdischer Herkunft noch von den genauen Umständen seines Todes. Der anonyme Bericht bemerkt dazu: „Da Professor Benjamin, der Jude war, Empfehlungsbriefe an einen Dominikaner in Spanien hatte, bestand der Priester von Portbou darauf, dass er ihm die letzte Ölung gebe, und Professor Benjamin wurde auch, da die Frauen keinen Einspruch wagten, auf dem katholischen Friedhof in Portbou beerdigt." (Ebd.) Bei Birman heißt es: „[...] und obwohl wir wussten, dass Herr Benjamin ein Jude gewesen sein musste, sagten wir nichts und überließen seiner Begleiterin diese Erklärung. Sie sagte jedoch nichts Derartiges und ließ sie den Leichnam des Verstorbenen mitnehmen." (Birman/Wizisla 2015 [1975/2006], S. 367; Birman/Foothold 2006 [1975], S. 9.) Die Letzte Ölung ist ein Hinweis darauf, dass Benjamin in diesem Augenblick noch lebte.

174 Auf Ramón Vila Morenos am 28. September handschriftlich ausgestellten Rechnung wird stehen: „Für vier Krankenbesuche, mit Spritzen, Blutdruckmessen und Aderlaß am Reisenden Herrn Benjamin Walter. 75 Peseten." (Dokument N. 4 in I. Scheurmann/Neue Dok.

Das Attest des Arztes legt Henny Gurland auf der Gendarmerie vor, „der Chef war sehr beeindruckt von der Krankheit Benjamins.“[175]

Die Situation ist angespannt, das weitere Prozedere unklar. Henny Gurland steht um sich und ihren Sohn „entsetzliche Angst“[176] aus.

1992, S. 44 f.) Das legt eine Behandlung gegen Bluthochdruck nahe, nicht unbedingt gegen eine Morphiumvergiftung – sofern man die hätte behandeln wollen.

175 Henny Gurland: „Inzwischen war ich auf der Gendarmerie mit einer Attestation des Arztes und der Chef war sehr beeindruckt von der Krankheit Benjamins." (Gurland/Scholem 2016 [1940/1975], S. 281.) Das „Inzwischen" bezieht sich auf den Zeitraum, in dem sich die Birman-Gruppe auf der Rückführung zur Grenze befindet, also tagsüber am 26. September.

176 Gurland/Scholem 2016 [1940/1975], S. 280. Gurlands folgende Formulierung legt nahe, dass die ohnehin prekäre Situation durch den unklaren Status Benjamins zusätzlich verschärft wurde: „Ich habe um José und mich entsetzliche Angst ausgestanden, bis der Totenschein am nächsten Morgen ausgestellt war." (Ebd. In der bei Tiedemann wiedergegebenen Transkription lautet die Satzstellung etwas anders, vgl. Gurland/Tiedemann 1983 [1940], S. 1196. Im Gegensatz zu einem weiteren Übertragungsfehler direkt im Anschluss – siehe Anmerkungen 160 und 200 hier in diesem Text – hat das an dieser Stelle keine inhaltliche Veränderung zur Folge.) Das weitere Schicksal der Gurlands steht hier offenbar – jedenfalls in der Wahrnehmung Henny Gurlands – in direktem Zusammenhang mit Benjamins amtlicher Behandlung, der Ausstellung des Totenscheins. Dessen Relevanz scheint darin zu liegen, ob in ihm ein mehr oder weniger natürlicher Tod oder ein Suizid als Todesursache verzeichnet ist (vgl. die Reaktion des Polizeichefs, der „sehr beeindruckt von der Krankheit Benjamins" war. Gurland/Scholem 2016 [1940/1975], S. 281. Der anonyme Bericht präzisiert das

noch: Man sprach mit dem Polizeivorsteher, „der über den Verlauf der ganzen Angelegenheit bestürzt war, sich noch vergewisserte, dass auf dem Totenschein als Todesursache nicht Selbstmord, sondern Gehirnschlag angegeben war." Anonym/Wizisla 2015 [1940], S. 347. Diese Formulierung suggeriert, dass dem „Polizeivorsteher" die Selbsttötung durchaus bewusst gewesen sein könnte). Welchen Unterschied die Todesursache für die Gurlands gemacht hätte, ist nicht so deutlich zu erkennen. Laut Ingrid Scheurmann sei eine Selbsttötung im damaligen Spanien unter Franco eine Strafsache gewesen, die zwangsläufig weitere Ermittlungen seitens der Guardia Civil nach sich gezogen hätte (vgl. I. Scheurmann/Neue Dok. 1992, S. 13). Daran dürfte keine der beteiligten Parteien ein Interesse gehabt haben. Zumindest kann man annehmen, dass erst der amtlich legitimierte Totenschein das Geschehen für die Gurlands (und hinsichtlich des „Problems der Leiche" auch für die Polizei – die Kirche wird es nur bei einem natürlichen Tod lösen) wieder in einigermaßen vorhersehbare und „geregelte" Bahnen lenkte, nachdem den Tag über – zumal Benjamin stundenlang im Sterben lag, aber nicht tot war, und die Rückführung der Gurlands nur seinetwegen ausgesetzt wurde – in juristischer wie persönlicher Hinsicht ein Zustand großer existenzieller Unsicherheit herrschte. Diesen Zustand muss man sich als „die Situation" vergegenwärtigen, die Henny Gurland in ihrem Brief an Arkadi Gurland „wirklich nicht genauer schildern" konnte: „Auf jeden Fall war sie so, daß ich den Brief an Adorno und mich vernichten mußte, nachdem ich ihn gelesen habe." (Gurland/Scholem 2016

Während des Tages hat Gurland möglicherweise Zugriff auf Benjamins Gepäck. Wenn es ein Manuskript tatsächlich gibt, kann man annehmen, dass Benjamin Henny Gurland hinsichtlich desselben am Morgen ähnlich instruierte wie in seinem Abschiedsbrief:[177] Übermitteln Sie „meine Gedanken" an Adorno. Es zeichnet sich ab, dass die örtlichen Behörden sämtliche Habseligkeiten Benjamins kontrollieren,[178] sehr detailliert registrieren und für spätere Ansprüche eventueller Erben verfügbar halten wollen. Angesichts des möglichen Zugriffs der Behörden auf Benjamins Papiere vernichtet Gurland irgendwann in diesem Zeitraum den ihr übergebenen Abschiedsbrief.[179]

[1940/1975], S. 281.) Joseph Gurland wird am 25. Juni 1981 in dem Brief an Rolf Tiedemann zu Protokoll geben: „I am sure that it was essential then for us that the act of suicide be hidden from the police." (Zit. nach Ott 1990, S. 313.) Wichtiger als vor der Polizei war es wahrscheinlich, die Selbsttötung gegenüber dem Priester zu verschleiern. Joseph Gurland war jedenfalls überzeugt, dass Benjamins Suizid letztlich die Weiterreise aller anderen ermöglichte (vgl. ebd.). Im Gegensatz zum Hotelbetreiber Suñer (vgl. Costa 1990 [1979], S. 351) hatte Joseph Gurland keine Zweifel daran, dass es sich überhaupt um eine Selbsttötung handelte.

177 ...der nur durch die Mitteilung von Gurland selbst bekannt ist.

178 Gurlands Auskünfte implizieren, dass die Behörden Benjamins Papiere schon durchsucht haben, bevor der Priester kam. Erst das Auffinden des Briefs an die Dominikaner veranlasste überhaupt, dass Freixa geholt wird: „Ich habe nun den Tag mit Polizei, Maire und Juge zugebracht, die sämtliche Papiere nachsahen und einen Brief an die Dominikaner in Spanien fanden." (Gurland/Scholem 2016 [1940/1975], S. 280.) Zu der entsprechenden Schlussfolgerung siehe auch Anmerkung 194 hier in diesem Text.

179 Die Chronologie in Henny Gurlands Brief an Arkadi Gurland ließe den Schluss zu, dass die Vernichtung des Abschiedsbriefes auch erst während der ersten Hälfte des 27. Septembers erfolgt sein könnte. Laut der Gerichtsakte wurden Benjamins Hinterlassenschaften jedoch bereits am Abend des 26. Septembers „vorläufig in Obhut des Gerichts bis zur Weiterleitung der gegen-

wärtigen gerichtlichen Verfügungen an die erste Instanz (Amtsgericht Figueras)" genommen (Dokument Nr. 2 in I. Scheurmann/Neue Dok. 1992, S. 30, 34, 38). Demgegenüber ist es möglich, dass Gurland den Brief bei sich trug und im Vorfeld ihrer eigenen Zollkontrolle, die erst am 27. September im Hotel de Francia erfolgte, aus der Angst heraus vernichtete, man könne den Brief (und evtl. andere Papiere) während einer Durchsuchung bei ihr finden, mit Benjamin in Verbindung bringen und ihr eine Unterschlagung unterstellen. Das hätte sie und ihren Sohn extrem gefährdet, da die reale Gefahr der Internierung sowohl auf spanischer als auch auf französischer Seite ohnehin schon bestand. Nimmt man Henny Gurlands Bemerkung im Brief an Arkadi Gurland wörtlich – „Ich kann Dir wirklich die Situation nicht genauer schildern. Auf jeden Fall war sie so, daß ich den Brief an Adorno und mich vernichten mußte, nachdem ich ihn gelesen habe." (Gurland/Scholem 2016 [1940/1975], S. 281.) – könnte sie den Brief auch schon am frühen Morgen des 26. Septembers vernichtet haben (nachdem sie ihn las). Sie hatte Angst, dass man ihn bei ihr finden würde. Die spätere Rekonstruktion des Briefes ist auf Französisch. Wenn auch das vernichtete Original auf Französisch war, dann musste Gurland damit rechnen, dass die Beamten diesen Brief verstehen. (Beispielsweise sprach der „Polizeichef" mit den Frauen der Birman-Gruppe Französisch. Vgl. Birman/Foothold 2006 [1975], S. 7; Birman/Wizisla 2015 [1975/2006], S. 365.) Damit wäre der Suizid als solcher nicht mehr zu vertuschen gewesen. Die Beamten (die Polizei oder der Zoll, nicht der Richter) haben die Papiere aller Wahrscheinlichkeit nach bereits

Zu einem Manuskript gibt es keine Hinweise.[180] Am Abend[181] kommt die Gruppe um Birman, durchnässt von starkem Unwetter, zurück ins Hotel de Francia. Da ihr Bestechungsversuch im Hintergrund zwischen Hotelbesitzer und Grenzbeamten erfolgreich gewesen zu sein scheint,[182] verfügen Birman, ihre Schwester, Lippmann und Freund mittlerweile über die nötigen Einreisestempel.

durchgesehen, bevor der Priester kam. (Siehe dazu Anmerkung 194 hier in diesem Text.) **Vielleicht konnte Gurland den Abschiedsbrief nur vernichten, weil sich der nicht mehr in Benjamins Gepäck befand. Ein eventuelles Manuskript müsste sich dann auch schon vollständig in ihrer Obhut befunden haben. Es hätte jetzt nicht mehr ohne Risiko, nach der Kontrolle durch die Beamten, der Aktentasche entnommen werden können. Das wäre später bei der detaillierten Protokollierung des Tascheninhaltes nur dann nicht aufgefallen, wenn der protokollierende Sekretär des Stadtrichters (bzw. der Richter selbst) nicht im Austausch mit den Polizisten stünde. Ein solcher Austausch ist im Bericht des Stadtrichters für den Abend des 26. Septembers 1940 allerdings auch nicht verzeichnet – ebenso wenig wie eine Anwesenheit des Arztes beim Eintreffen des Richters im Hotel de Francia um 22.35 Uhr.**

180 Siehe dazu Anmerkung 195 hier in diesem Text.

181 **Zwischen 17.00 und 18.00 Uhr war die an der Grenze zurückgelassene Birman-Gruppe den Berg wieder herabgestiegen und zurück in Port-Bou** (vgl. Birman/Foothold 2006 [1975], S. 7; Birman/Wizisla 2015 [1975/2006], S. 364). **Es folgten die** (hier in Anmerkung 163 umrissenen) **Szenen im Zollhaus mit der Legalisierung der Einreise, was einige Zeit in Anspruch nahm, sowie die Rückkehr in das Hotel de Francia in Begleitung des Wirts Juan Suñer Jonama.**

182 **Laut dem anonymen Bericht bezahlten sie 2.000 Francs pro Person (für Birman, ihre Schwester, Sophie Lippmann, Grete Freund), was zusammen etwa 100 Dollar entspreche** (vgl. Anonym/Wizisla 2015 [1940],

Ca. 22.00 Uhr

Der Arzt erscheint ein viertes Mal im Hotel de Francia.[183]

S. 346. **Dem später im Gerichtsprotokoll und in den beiliegenden Quittungen verzeichneten Umtauschkursen von Benjamins hinterlassener Barschaft von 70 Dollar und 500 Francs,** vgl. Dokumente 8 und 9 in I. Scheurmann/Neue Dok. 1992, S. 53 ff., **entspricht das nur ungefähr: 8.000 Francs wären demnach 1.620 Peseten [20,25 Peseten je 100 Francs]. Mit einem Umtauschkurs von 12,44 Peseten pro Dollar, wie der zweiten Quittung zu entnehmen ist, wären 1.620 Peseten [also die 8.000 Francs] etwa 130,23 Dollar). Später im Hotel erhielten dann Henny Gurland und ihr Sohn gegen Zahlung von 25 Dollar ebenfalls ihre Einreisestempel** (vgl. Anonym/Wizisla 2015 [1940], S. 346 f.), **allerdings erst am „nächsten Tag", wie Henny Gurland sagt: „Also die vier Frauen bekamen den Stempel (Geld wurde auch gezahlt und nicht wenig). Ich bekam ihn am nächsten Tag."** (Gurland/Scholem 2016 [1940/1975], S. 281.) **Der „nächste Tag" ist demnach der 27. September 1940, der Tag also, an dem Benjamins „Totenschein" ausgestellt wird. Bis dahin ist der Aufenthalt von Gurland und ihrem Sohn in Spanien – im Gegensatz zu dem der Birman-Gruppe – weiterhin nicht legalisiert.**

183 **Der genaue Zeitpunkt dieses Besuches wie aller vorigen ist ungewiss. Dem Schreiben des Grenzkommissariats an Horkheimer ist zwar nicht der Name des Arztes zu entnehmen, wohl aber, dass der Arzt, der Benjamin schon am Abend des 25. Septembers 1940 behandelt haben soll, derselbe ist, der ca. 24 Stunden später dessen Tod feststellte** (vgl. Sols 1983 [1940] bei Tiedemann 1983, S. 1198).

Gegen 22.00 Uhr am Abend des 26. Septembers 1940 ist Walter Benjamin sicher tot.[184]

184 So gibt es schließlich die Eintragung ins Sterberegister mit dem Totenschein an (vgl. die farbige Reproduktion des Dokuments bei Puttnies/Smith 1991, S. 31). Ich nehme an, dass der im Register angegebene Todeszeitpunkt Walter Benjamins – 22.00 Uhr – mit dem letzten Besuch des Arztes im Hotel de Francia korreliert.
In David Mauas' Film „Who killed Walter Benjamin..." von 2005 kommt eine Zeugin zu Wort, die aussagt, dass Ramón Vila Moreno an Donnerstagen regelmäßig nicht in Port-Bou weilte. Der einzige andere Arzt habe Verbindungen zu Faschisten gehabt. Es gibt jedoch keine Indizien dafür, dass der andere Arzt Benjamin begegnet ist. Sollte Ramón Vila Moreno tatsächlich tagsüber nicht in Port-Bou gewesen sein, so wäre immer noch möglich, dass er am Abend des Mittwochs, in der Nacht zum Donnerstag, am Donnerstagmorgen und schließlich am späten Donnerstagabend ins Hotel de Francia gekommen ist, um Benjamin zu behandeln bzw. dessen Tod festzustellen. Sofern man diesem im Film thematisierten Szenario einige Glaubwürdigkeit einräumt, ließe sich ein Zusammenhang mit der späten offiziellen Todeszeit herstellen: Benjamin lag seit den Morgenstunden im Koma, starb im Laufe des Tages, und erst bei der Rückkehr des Arztes in Port-Bou stellte dieser um 22.00 Uhr den endgültigen Tod fest. Damit wäre die ungewöhnlich lange Zeitspanne zwischen Gifteinnahme und amtlich beurkundetem Eintritt des Todes erklärt. Es ist nun zu spekulieren, ob der Arzt auf der Grundlage seines möglichen Erstbefundes vom Mittwochabend (vor der Tabletteneinnahme – ein Besuch, für den es außer der Auskunft der Grenzpolizei keinen weiteren Beleg gibt)

gehandelt hat, die sich mit der Gifteinnahme nun gewandelten Umstände nicht erkannte und eine Fehlbehandlung durchführte. Oder ob sich der Arzt schließlich vollkommen im Klaren darüber war, dass ein mehr oder weniger ungeschickt verübter Selbsttötungsversuch vorlag, der nicht mehr zu stoppen, nur noch zu beschleunigen war. Für Letzteres spricht meines Erachtens u.a. die Verweigerung der Überführung nach Figueras. Die von vielen Kommentator:innen konstatierte Merkwürdigkeit, dass Benjamin 24 Stunden lang gestorben sein und dabei noch Gespräche geführt haben soll, wird als Indiz für die großen Widersprüche in den Darstellungen der Beteiligten herangezogen. Implizit steht meist die Zuverlässigkeit Henny Gurlands zur Disposition, die Benjamins Abschiedsbrief vernichtet hat und den Forschenden deshalb suspekt ist. Noch Ingrid Scheurmann hält es für unwahrscheinlich, dass sich der Sterbeprozess so lange hingezogen haben könnte und Benjamin dabei in der Lage gewesen wäre, Auskünfte und Anweisungen zu erteilen (vgl. I. Scheurmann/Neue Dok., S. 12 f., 14). Die inzwischen selbst zu einem festen erzählerischen Topos gewordenen Widersprüche lösen sich jedoch weitgehend auf, wenn man das sogenannte „Suizid-Protokoll" Arthur Koestlers im Zusammenhang mit Benjamins Sterben liest. Koestlers Anekdote über die Teilung der Morphiumtabletten in Marseille ist der wichtigste Hinweis auf die im Notfall geplante Vergiftung, der nicht aus dem Kreis der Begleiterinnen Benjamins übermittelt wird. Koestlers sogenanntes „Suizid-Protokoll", das sein Biograf Christian Buckard in dessen Nachlass in Edinburgh ausfindig machte, ist hingegen

weniger bekannt. Buckard veröffentlichte es 2006 in der Wochenzeitung Freitag. (Arthur Koestler: Suizid-Protokoll. In: Christian Buckard: „Habe ganz vergessen, warum ich mich eigentlich umbringe." Arthur Koestlers bislang unveröffentlichtes Suizid-Protokoll, Lissabon 1940. In: Freitag, 08. September 2006. Online verfügbar unter www.freitag.de/autoren/der-freitag/habe-ganz-vergessen-war-um-ich-mich-eigentlich-umbringe [letzter Zugriff 02.09.2020]. Die Handschrift befindet sich unter dem Signum Koestler Archive MS 2308/2 in der Bibliothek der University of Edinburgh; ich danke Christian Buckard für den Hinweis auf die Fundstelle.) **Koestler geriet auf seiner Flucht Ende September bzw. im Oktober in Lissabon in eine vorläufige Sackgasse. Er wusste angeblich bereits um Benjamins vollzogene Selbsttötung und schluckte die andere Hälfte der ursprünglich 62 Morphiumtabletten, also 31 Stück. Koestler überlebte jedoch seinen Suizidversuch und konnte schließlich nach Großbritannien entkommen. Während des Suizidversuchs schrieb er unter der Überschrift „Notizen für Dr. Benno Lévy" ein „Protokoll", verzeichnete die gestaffelte Einnahme sowie die Einnahmezeiten der verschiedenen Pillendosen, kommentierte die jeweilige körperliche Reaktion, zitierte nach anderthalb Stunden schließlich ein komplettes Rilke-Gedicht. Dieses Dokument – sofern es keine nachträgliche Fiktionalisierung ist – verdeutlicht, dass der Sterbeprozess sich nicht nur über Stunden hat hinziehen können, sondern dass man dabei noch in der Lage war, bei Bewusstsein kürzere Texte zu verfassen. Die Letalität der Dosis erscheint zudem als fragwürdig. Benjamins stoischer Blick auf die Uhr** (wie von Birman und

Indessen befindet sich die Birman-Gruppe im Restaurant des Hotels. Etwa eine Stunde nach ihrer Rückkehr in das Haus wird diesen vier Frauen vom Hotelbesitzer Suñer wider Erwarten ein umfangreiches Abendmahl serviert. Während das geschieht, verdunkeln sich die Lichter und der Pfarrer sowie etwa 20 mit schwarzen und weißen Kutten bekleidete Mönche eines benachbarten Klosters betreten den Raum. Sie tragen Kerzen, singen eine Litanei und ziehen in einer Prozession durch den Speiseraum hindurch in die obere Etage zu Walter Benjamins Totenbett.[185]

Nachdem er von dem Ableben des für ihn noch namenlosen „ausländischen Reisenden“ in der „Fonda de Francia“ unterrichtet worden ist, erscheint der Stadtrichter Fernando Pastor Nieto zusammen mit seinem Sekretär José Ruiz Granés um 22.35 Uhr im Zimmer 4.[186] Der vom Richter herbeigerufene Schreiner Enrique Espadalé Bandés trifft ebenfalls ein, um die Leiche für die Herstellung eines Sarges zu vermessen.[187]

in dem anonymen Bericht beschrieben, vgl. Birman/Wizisla 2015 [1975/2006], S. 362; Birman/Foothold 2006 [1975], S. 5; sowie Anonym/Wizisla 2015 [1940], S. 346) **wird so verständlich, und ebenfalls die Gefahr, dass die verbliebene Hälfte der Tabletten keinesfalls so sicher den Tod herbeizuführen in der Lage war, wie das Benjamin erhoffte.** (Siehe dazu unten das Kapitel zu Arthur Koestlers „Suizid-Protokoll" und insbesondere Anmerkung 263 hier in diesem Text.)

185 Vgl Birman/Foothold 2006 [1975], S. 9; Birman/Wizisla 2015 [1975/2006], S. 367. **Der Birman-Gruppe wurde gesagt, dass die Mönche gekommen seien, um am „Totenbett" Benjamins „eine Totenmesse zu halten und ihn anschließend zu begraben."** (Ebd.) **Im englischsprachigen Original heißt es ohne „anschließend" nur „to bury him".**

186 Vgl. die Gerichtsakte, Dokument Nr. 2 in I. Scheurmann/Neue Dok. 1992, S. 29–41, der Zeitpunkt vgl. S. 29, 33, 37. **Der Name des Sekretärs, der das Dokument aufsetzt, ist aus der Eintragung in das Totenbuch zu erfahren** (vgl. die farbige Reproduktion in Puttnies/Smith 1991, S. 31; s/w bei I. & K. Scheurmann/Für WB 1992, S. 101. Zu den Namen der darin Unterschrift leistenden Personen: des Richters, des Sekretärs und der Zeugen, vgl. Costa 1990 [1979], S. 352).

187 Vgl. Dokument Nr. 2 in I. Scheurmann/Neue Dok. 1992, S. 29, 33, 37. **Vertraut man der offiziellen Angabe des Todeszeitpunktes im Totenregister, so spielen sich die Prozessionsszene und das Requiem zwischen 22.00 Uhr und 22.35 Uhr ab, denn Benjamin musste dafür schon tot sein. Um 22.35 Uhr traf der Richter ein. Zuvor**

Der Richter stellt fest: Im Zimmer 4 liegt „die Leiche eines Mannes“ auf dem Bett. Sie ist „schon bekleidet“.[188]

wäre demnach bereits der Arzt da gewesen, also vermutlich etwa um 22.00 Uhr, um den Tod festzustellen. Als der Richter kam, war der Arzt offenbar nicht mehr anwesend, da der Richter Auskunft über ihn nur indirekt vom Hotelbetreiber Suñer erhielt (vgl. ebd.). Die Gerichtsakte sagt nichts vom Priester und den Mönchen. Da diese laut Birman aber die Leiche mitnahmen (vgl. Birman/Wizisla 2015 [1975/2006], S. 367; Birman/Foothold 2006 [1975], S. 9), die vom Schreiner gerade erst vermessen wird, kamen die Mönche entweder überhaupt erst nach 22.35 Uhr an – oder es herrschte gegen 22.35 Uhr mit dem Richter, dessen Sekretär, dem Schreiner, dem Wirt, dem Priester und 20 Mönchen ein ziemliches Gedränge in Zimmer 4. Unten im Speiseraum saß die vierköpfige Birman-Gruppe, irgendwo dazwischen müssen noch Henny und José Gurland gestanden haben.
188 Vgl. Dokument Nr. 2 in I. Scheurmann/Neue Dok. 1992, S. 29, 33, 37. Am Morgen war Benjamin laut Birman noch „halbnackt"/„half naked" (vgl. Birman/Wizisla 2015 [1975/2006], S. 362; Birman/Foothold 2006 [1975], S. 5). Dass in der Gerichtsakte explizit vermerkt wird, dass die Leiche „schon bekleidet" war („ya – vestido"), ist ein Hinweis darauf, dass diesem Umstand einige Bedeutung beigemessen wurde. Im Wesentlichen wird damit festgestellt, dass sich der Richter einer möglicherweise nicht-authentischen Fundsituation bewusst gewesen ist. Für das Einkleiden der Leiche mit zwei Personen stellte der Hotelbesitzer später 30 Peseten in Rechnung (vgl. Dokument Nr. 5 in I. Scheurmann/Neue Dok. 1992, S. 46 ff.). Nimmt man die Sterbestunde auf dem Totenschein: 22.00 Uhr als korrekt an, wäre das Ankleiden in

Der Richter befragt den Hotelbesitzer Suñer nach den Todesursachen des Reisenden.[189] Suñer gibt zu Protokoll, dass der Reisende „schon vor einigen Tagen aus Frankreich gekommen sei, daß er sofort krank wurde und jeden Tag vom Arzt dieses Ortes, Herrn Ramón Vila Moreno, behandelt wurde [...].“[190]

Die große Aktentasche, die sich auf dem Tisch des Zimmers befindet, sei laut Suñer sein einziges Gepäck.[191]

der halben Stunde zwischen dem Tod und dem Eintreffen des Richters geschehen, vielleicht in Vorbereitung der Totenmesse. Eingedenk des Koestlerschen „Suizid-Protokolls“ ist auch nicht ausgeschlossen, dass sich Benjamin im Laufe des Tages erbrach und während des Komas seit den frühen Morgenstunden auch andere Körperausscheidungen erfolgten. Immerhin weist die Hotelrechnung (vgl. ebd.) – wenn auch entgegen der anders lautenden Aussage in dem anonymen Bericht (vgl. Anonym/Wizisla 2015 [1940], S. 346) – ein Abendessen aus, des Weiteren fünf Zitronensprudel, was wiederum ein Ein- oder Umkleiden weniger verdächtig erscheinen ließe. Eventuell ist gemeint: schon für die Beisetzung eingekleidet, also etwa mit einem Totenhemd.

189 Vgl. Dokument Nr. 2 in I. Scheurmann/Neue Dok. 1992, S. 29, 33, 37. Tatsächlich wird in der Akte der Plural, „las causas de la muerte“, verwendet.

190 Ebd., Zitat der Übersetzung S. 37. Suñers Aussage bezüglich Benjamins Eintreffen in Port-Bou „schon vor einigen Tagen“ (ebd.) widerspricht damit den anderen heute vorliegenden Quellen, im Übrigen auch seiner eigenen, derselben Gerichtsakte beigelegten Hotelrechnung. Diese datiert den ersten Abrechnungstag auf den 26. September, stellt dafür aber die nächsten Tage bis einschließlich 30. September in Rechnung. Das Dokument wurde allerdings nicht von ihm, sondern von seiner Frau Eva Raffegeau unterschrieben (vgl. Dokument Nr. 5 in I. Scheurmann/Neue Dok. 1992, S. 46 ff.).

191 Vgl. Dokument Nr. 2 in I. Scheurmann/Neue Dok. 1992, S. 29, 33, 37.

„In Anbetracht des vom Hotelbesitzer Ausgesagten“[192] lässt der Richter die von Benjamin getragene Kleidung sowie den Tascheninhalt inspizieren. In der Kleidung findet sich nichts. Jeder in der Aktentasche befindliche Gegenstand, dem irgendeine Bedeutung beigemessen wird, wird aufgelistet und detailliert beschrieben, darunter allem voran die besagte Taschenuhr („anscheinend aus Gold“) mit sämtlichen Gravuren, mehrere Banknoten mit Seriennummern, der auf den 20. August 1940 datierte und in Marseille vom American Foreign Service ausgestellte Reisepass mit dem spanischen Transitvisum[193], eine Kopie des Affidavits vom Institute of Social Research in New York, eine Röntgenaufnahme und ferner: „einige Briefe und Zeitungen“.[194]

192 Ebd., Zitat der Übersetzung S. 37. **Die Formulierung mutet (zumindest in dieser Übersetzung) merkwürdig an. Wären Benjamins Sachen bei anderslautenden Aussagen nicht durchsucht und protokolliert worden?**

193 **Gelegentlich heißt es, Benjamin fehle diese Durchreiseberechtigung durch Spanien, beispielsweise in einem Interview von Alexander Kluge mit Manuel Cussó-Ferrer** (News & Stories vom 11.05.1992: „Die Toten gehören niemand." Zum 100. Geburtstag von Walter Benjamin. Online unter www.dctp.tv/filme/die-toten-gehoeren-niemand-news-stories-11-05-1992 [letzter Zugriff 30.09.2020]). **Der Filmregisseur Manuel Cussó-Ferrer hat sich u.a. darum verdient gemacht, im Zuge der Recherchen zu seinem Film „La Última Frontera" den etwaigen Verlauf der Fluchtroute rekonstruiert zu haben** (vgl. dazu seinen Text: Walter Benjamins letzte Grenze. Sequenzen einer Annäherung. Cussó-Ferrer 1992, S. 158–165). **In der Frage um das spanische Transitvisum irrt er jedoch. Die penible Aufzählung des Tascheninhalts in der Gerichtsakte teilt unmissverständlich das Vorhandensein eines Visums „des Spanischen Konsulats [...] vom 10. des laufenden Monats September, in dem er [Benjamin] dazu berechtigt wird, auf dem Transitweg durch Spanien nach Portugal zu reisen", mit** (Dokument Nr. 2 in I. Scheurmann/Neue Dok. 1992, S. 38).

194 Ebd. **Während die Dokumente des Institute of Social Research sowie die Passdokumente, Banknoten etc. relativ präzise beschrieben werden, findet der Brief an die Dominikaner keine Erwähnung. Das deute ich als weiteres Indiz dafür, dass dieser Brief bereits in den Händen des Pfarrers ist, also schon vor der richterlichen**

Kein – als solches identifiziertes – Manuskript.[195]

Untersuchung eine Visitation der Unterlagen (durch die Polizei bzw. die Zollbeamten) stattgefunden hat (siehe auch Anmerkungen 173, 178 und 179 hier in diesem Text). Der Pfarrer muss Benjamin für die Letzte Ölung noch vor dessen endgültigem Ableben aufgesucht haben. Dass erst der Richter den Pfarrer holen ließ, spät in der Nacht auf den 27. September, ist zwar denkbar, eine Letzte Ölung bei schon eingetretenem Tod aber unwahrscheinlich. In der stadtrichterlichen Akte taucht der Pfarrer (nicht namentlich) zwar erst in der Eintragung vom 27. September auf, wenn er über die angedachte Beisetzung in einer Grabnische für fünf Jahre informiert werden soll (vgl. Dokument Nr. 2 in I. Scheurmann/Neue Dok. 1992, S. 31, 35, 39). Die – wenngleich insgesamt sehr unsichere – Erinnerung Joseph Gurlands, den Pfarrer auf seinem Rückweg von der Apotheke gesehen zu haben, interpretiere ich jedoch so, dass sich das bereits tagsüber am 26. September abspielte, also als Benjamin noch im Koma lag (vgl. Ott 1990, S. 311, 313). Es ergibt sich folgender Zusammenhang: Wenn der Richter erst nach dem Tode Benjamins in das Hotel de Francia zu dessen Leiche kam, die Letzte Ölung durch den Pfarrer aber noch vor dem endgültig eingetretenen Tod vorgenommen worden sein musste, der Pfarrer wiederum erst nach dem Auffinden des Briefes an die Dominikaner durch die Behörden gerufen wurde – dann hat nicht erst der Richter Benjamins Unterlagen durchgesehen (und den Pfarrer holen lassen), sondern das ist ziemlich sicher zuvor schon z.B. durch die Polizei oder den Zoll geschehen.

195 Der Brief der Grenzbehörden an Horkheimer vom 30. Oktober 1940 schreibt indessen noch von „einigen

Der Richter und sein Sekretär entnehmen den Namen des Toten aus dem behelfsmäßigen Reisepass: „VValter Benjamin Dr.“[196]

wenigen anderen Papieren, deren Inhalt nicht bekannt ist"/„algunos pocos papeles más que se ignora su contenido" (Sols 1983 [1940] bei Tiedemann 1983, S. 1197 f.), wo die Gerichtsakte, aus der in dem Brief mutmaßlich zitiert wird, nur „algunas cartas y periodicos"/„einige Briefe und Zeitungen" auflistet (Dokument Nr. 2 in I. Scheurmann/Neue Dok. 1992, S. 30, 34, 38). Geht man davon aus, dass die Aktentasche tatsächlich ein Manuskript enthielt, wie Lisa Fittko erzählt, dann wird Benjamin es Henny Gurland übergeben haben. Gershom Scholem deutet in der Vorrede zu Fittkos Text im Merkur an, dass Gurland es zusammen mit dem Abschiedsbrief vernichtet haben muss: Es sei schwer, so Scholem, „der Folgerung auszuweichen, daß Frau Gurland aus Gründen, die mit Ereignissen nach Benjamins Tod zusammenhängen, die sie in ihrem Brief nur dunkel angedeutet hat, dieses Manuskript vernichtet hat, zu dessen Rettung gerade dieser ganze Grenzübergang, von Benjamin aus gesehen, in Szene gesetzt worden war." (Scholem/Merkur 1982, S. 37.) Henny Gurland musste die ganze Zeit über mit dem Auffinden sowie der Beschlagnahmung aller möglichen Unterlagen rechnen (siehe Anmerkung 194 hier in diesem Text) – mit den entsprechenden Konsequenzen, sollte man etwas Kompromittierendes bei ihr finden. Es ist daher von einem andauernden „Zustand" der Bedrohung auszugehen, weniger von einem konkreten Einzelereignis, was zur Vernichtung des Abschiedsbriefes und eventuell weiterer Papiere führte (siehe auch Anmerkung 176 hier in diesem Text).

196 Dokument Nr. 2 in I. Scheurmann/Neue Dok. 1992, S. 30, 34, 38.

Der Schreiner misst den Toten aus. Die Mönche nehmen die Leiche,[197] der Richter und sein Sekretär die Aktentasche mit.[198]

197 So deutet es zumindest Carina Birman an. Die Mönche seien gekommen, um für Benjamin „eine Totenmesse zu halten und ihn anschließend zu begraben." („[...] to say a requiem at the death-bed of Prof. Benjamin and to bury him." Birman/Wizisla 2015 [1975/2006], S. 367; Birman/Foothold 2006 [1975], S. 9.) Explizit heißt es ferner: „Sie [Gurland] sagte jedoch nichts Derartiges [dass Benjamin Jude ist] und ließ sie [die Mönche] den Leichnam des Verstorbenen mitnehmen." („[...] let them take the body of the defunct." Ebd.) Wenn die Mönche die Leiche mitnahmen, dann erst nach 22.35 Uhr, als die Leiche vermessen, die Tasche durchsucht und alle Messen gelesen waren. Die Mönche und der Priester finden unter der Eintragung vom 26. September in der Gerichtsakte keine Erwähnung. Da dort aber auch nicht steht, wer die Leiche ansonsten mitnahm, können es genauso gut die Mönche und der Priester gewesen sein. Die Miete für das Nischengrab findet sich hernach entsprechend in der Rechnung des Pfarrers (vgl. Dokument Nr. 6 in I. Scheurmann/Neue Dok. 1992, S. 49 f.).

198 Die Aktentasche samt Inhalt „blieb vorläufig in Obhut des Gerichts bis zur Weiterleitung der gegenwärtigen gerichtlichen Verfügungen an die erste Instanz (Amtsgericht Figueras)." (Dokument Nr. 2 in I. Scheurmann/Neue Dok. 1992, S. 30, 34, 38.) Henny Gurland: „Ich mußte alle Papiere und Geld dem Juge überlassen und beauftragte ihn alles dem amerikanischen Konsulat in Barcelona zu schicken, das die Birmann [sic] angerufen hatte." (Gurland/Scholem 2016 [1940/1975], S. 281.) Der Richter hält sich wahrscheinlich nicht an die Anweisung. Benjamins Hinterlassenschaften werden, wie in der Gemeinde-

In derselben Nacht verlassen Carina Birman, ihre Schwester Dele, Sophia Lippmann und Grete Freund das Hotel Richtung Bahnhof zum Zug nach Barcelona.[199]

gerichtsakte Port-Bou festgehalten, am 5. Oktober 1940 dem Amtsgericht von Figueras übergeben (vgl. Dokument Nr. 2 in I. Scheurmann/Neue Dok. 1992, S. 32, 36, 40 f. Die Reproduktion der in der Akte befindlichen Übergabequittung als Dokument Nr. 3 ebd., S. 42 f.), „zur Verfügung der etwaigen Erben" (der Vertreter des Grenzkommissariats an Max Horkheimer, Sols 1983 [1940] bei Tiedemann 1983, S. 1198). Sie wurden dort – soweit bekannt ist – nie abgeholt. Eine andere Lesart der von Henny Gurland übermittelten Information, dass sie den Richter damit beauftragte, „alles dem amerikanischen Konsulat in Barcelona zu schicken", scheint bisher nicht berücksichtigt. Hinsichtlich dieser Bemerkung ist folgendes Szenario zumindest denkbar, wenn vielleicht auch nicht sehr wahrscheinlich: Ein Manuskript könnte nach der Übergabe an Gurland von Benjamins Gepäck geschieden worden sein. Sie beauftragte den Richter, diese Unterlagen an das US-Konsulat nach Barcelona zu schicken. Der Richter könnte das nun Gurland zugeordnete Material nach Barcelona geschickt haben, während die Benjamin zugeordnete Tasche in das Untersuchungsgericht nach Figueras ging. In diesem Falle wäre es auch möglich, dass die Information nicht Eingang in die Akte fand, da der Richter womöglich nicht wusste, dass es sich ursprünglich um Benjamins Manuskript handelte. Da inzwischen an allen möglichen Orten nach dem Inhalt der Aktentasche gefahndet wurde, gibt es keinen Grund, nicht auch dieser Spur einmal nachzugehen.

199 Über Madrid erreichten sie am 1. Oktober 1940 Lissabon, von wo sie sich später erfolgreich nach den USA einschifften (vgl. Birman/Foothold 2006 [1975], S. 14).

Freitag, 27. September 1940

Während die Birman-Gruppe Port-Bou verlassen hat, hat Henny Gurland als direkte Begleiterin Benjamins am Freitag, 27. September 1940 noch bürokratische Dinge zu regeln. Weder sie noch ihr Sohn besitzen bisher die nötigen Einreisestempel für Spanien, ihr Aufenthalt ist nach wie vor nicht legalisiert. Auch Benjamins Tod ist behördlich noch nicht offiziell erfasst, obgleich es bereits eine stadtrichterliche Akte gibt. Bis diese bürokratischen Hürden genommen sind, sind die Gurlands weiterhin existenziell bedroht, ihre Rückführung ist jederzeit möglich. Entsprechend angsterfüllt ist die Atmosphäre.[200]

Die Hürden werden nach und nach genommen. Die Gurlands erhalten gegen Zahlung von zusammen 25 Dollar die Einreisestempel, die die Gruppe Birman schon am Vorabend erhielt.[201]

In der deutschen Übersetzung des Textes fehlt diese Information.

200 Henny Gurland zieht in ihrem Brief das (bereits in Anmerkung 176 hier in diesem Text zitierte) Zwischenresümee: „Ich habe um José und mich entsetzliche Angst ausgestanden, bis der Totenschein am nächsten Morgen ausgestellt war." (Gurland/Scholem 2016 [1940/1975], S. 280.) Der „nächste Morgen" ist hier der Tag, nachdem Benjamin gestorben war, also der Freitag, 27. September 1940. Der Brief fährt direkt im Anschluss fort: „Wie vorher besprochen, holten die Gendarmen die vier Frauen [die Birman-Gruppe] am *Morgen des Sterbetages von Benjamin* ab." (Ebd., Hervorhebung von mir, MR.) Gurland springt hier also einen Tag zurück auf den Morgen des 26. Septembers 1940. (Zu einem diesbezüglichen Übertragungsfehler bei Tiedemann siehe oben Anmerkung 160 hier in diesem Text.) Die Eintragung ins Totenregister erfolgte dann am 27. September erst am Nachmittag um 14.15 Uhr. Diese Zeit ist im Totenschein angegeben (vgl. die Reproduktion des Dokuments u.a. in Puttnies/Smith 1991, S. 31).

201 Die Summe gibt der anonyme Bericht an. Es ist dieselbe, die die vier Frauen der Birman-Gruppe pro Person gezahlt haben sollen (vgl. Anonym/Wizisla 2015 [1940], S. 346 f.). Gurland selbst benennt die Summe nicht, dafür den Zeitpunkt: „Ich bekam ihn [den Stempel] am nächsten Tag." (Gurland/Scholem 2016 [1940/1975], S. 281.) Der „nächste Tag" ist der 27. September 1940. Wie oben in Anmerkung 182 hier in diesem Text dargelegt, ist jedoch der in dem anonymen Bericht angegebene Umtauschkurs nicht ganz identisch mit denen in den

Henny Gurland lässt eine Grabnische für fünf Jahre reservieren.[202]

Umtauschquittungen für Benjamins hinterlassener Barschaft (vgl. Dokumente 8 und 9 in I. Scheurmann/Neue Dok. 1992, S. 53 ff.).

202 Henny Gurlands Bemerkung: „Ich kaufte ein Grab für fünf Jahre etc." (Gurland/Scholem 2016 [1940/1975], S. 281) wird regelmäßig so interpretiert, dass sie das Grab auch bezahlt haben will (vgl. z.B. I. Scheurmann/Neue Dok. 1992, S. 15; vgl. auch Wizisla 2015, S. 351). Ihrer Aussage stellt man den Bericht in der Akte des Stadtrichters gegenüber, aus der hervorgeht, dass die Kosten für das Grab aus der hinterlassenen Barschaft Benjamins beglichen wurden. Das muss sich nicht widersprechen. Abgesehen davon, dass sich ihre Bemerkung durchaus auch nur auf die Entscheidung für die Fünfjahresfrist beziehen kann, kann sie auch lediglich bedeuten, dass Gurland als vorübergehende Treuhänderin von Benjamins nachgelassenem Geld die Entnahme der Gebühren zu diesem Zweck gegenüber dem Richter und dem Pfarrer legitimierte. Auch, dass letzterer womöglich zweimal kassierte, ist immerhin denkbar, wenn auch aufgrund der wirklich vorliegenden Aussagen rein spekulativ. Adorno wunderte sich über die geringe Summe der Barschaft, in einem Brief an Gershom Scholem vom 19. November 1940: „Walter war mit Geldmitteln reichlich versehen, hatte aber offenbar nur einen geringen Teil seines Geldes mit." (Adorno 2015 [1940], S. 372.) Daher noch folgende Überlegung: Es ist auch möglich, dass Benjamin, so er über eine größere Barschaft verfügt haben sollte, dieselbe Gurland (und/oder den anderen Frauen) für ihre weitere Flucht (und für die Rettung eines eventuellen Manuskripts) anvertraut

haben könnte – ein menschlicher Vorgang, den Gurland wegen des zu erwartenden Misstrauens kaum in späteren Äußerungen hätte erwähnen müssen. Das würde auch die unsichere Formulierung erklären, wer nun für das Grab bezahlt hat: Gurland oder Benjamin selbst. Sollte Benjamin mehr Bargeld bei sich gehabt haben, käme das Problem des von den Zollbehörden dann so ausgelegten Devisenschmuggels hinzu. Carina Birman berichtete von ihrer Zollkontrolle, dass ihre 200 nicht deklarierten Francs sofort eingezogen wurden (vgl. Birman/Wizisla 2015 [1975/2006], S. 365; Birman/Foothold 2006 [1975], S. 8). Der ehemalige Hotelbetreiber Juan Suñer stellte 1979 in seiner Aussage gegenüber Carles S. Costa einen Zusammenhang zwischen der geplanten Rückführung der illegal Eingereisten und dem Devisenhandel her: „‚Man nannte das illegalen Devisenhandel, Schmuggel.'" (Costa 1990 [1979], S. 351.) Wäre eine zu hohe Bargeldsumme bei dem Sterbenden vielleicht sofort beschlagnahmt worden? Das wäre dann noch vor der richterlichen Untersuchung geschehen und im Protokoll des Stadtrichters nicht mehr registriert worden. Im Übrigen wusste auch Grete Freund in dem Brief vom 9. Oktober 1940 über die offiziell nachgelassene Dollarsumme genau Bescheid: „Mit den 70 Dollar, die er bei sich trug, wurden das Hotel, der Arzt und die Beerdigung bezahlt." (Gr. Freund/Wizisla 2015 [1940], S. 350.) Das spricht dafür, dass diese Entscheidungen noch vor der Abreise der Birman-Gruppe gemeinsam bzw. in deren Beisein getroffen wurden. Andernfalls müsste diese Information nachträglich von Gurland übermittelt worden sein, es also ein späteres Wieder-

Die Eintragung des „Ablebens“ von Benjamin Walter in das Personenstandsregister[203] sowie die Bestattung der Leiche auf dem örtlichen Friedhof werden angeordnet, „auf die Möglichkeit hin, daß ein Angehöriger des Verstorbenen erscheinen könnte und die Leiche überführen möchte; der Pfarrer wird entsprechend benachrichtigt zu diesem und zu allen anderen notwendigen Zwecken [...].“[204]

14.15 Uhr

Um 14.15 Uhr desselben Tages wird, wie beschlossen, „auf Seite 192, Buch Nr. 26 der entsprechenden Abteilung dieses Standesamtes“[205]

zusammentreffen (oder postalische Korrespondenz) auf dem Weg nach Lissabon gegeben haben, was nicht ausgeschlossen, aber auch nicht belegt ist. Unwahrscheinlich ist, dass die Gurlands zur selben Zeit wie die Birman-Gruppe aus Port-Bou abreisten. Dass dem nicht so war, geht implizit aus Carina Birmans „The Narrow Foothold“ hervor (wo das ansonsten erwähnt worden wäre), und Henny Gurland war am 27. September noch mit bürokratischen Dingen beschäftigt, die Benjamins Tod und ihren eigenen Aufenthaltsstatus betrafen. Sie bekam erst jetzt den Einreisestempel; der Totenschein für Walter Benjamin (bzw. „Benjamin Walter“) wurde erst an diesem Tag ausgestellt usw. In der Urkunde des Sterberegisters ist die Eintragung auf 14.15 Uhr am 27. September terminiert. Wahrscheinlich sind Gurland und ihr Sohn erst danach abgereist. Die Birman-Gruppe hingegen reiste in der Nacht zum 27. September bzw. sehr früh an diesem Tag Richtung Barcelona ab. Damit protokolliert die Aussage über die Grabnischenmietung im Untersuchungsbericht des Stadtrichters wahrscheinlich nur die Durchführung dessen, was zuvor mit Gurland vereinbart worden ist.

203 Im Original wird das Register auch an der das „Standesamt“ betreffenden Stelle jeweils gleichlautend „Registro civil“ genannt (Dokument Nr. 2 in I. Scheurmann/Neue Dok. 1992, S. 30 f., 34 f.).

204 Ebd., S. 30 f., 34 f., 38 f.

205 Ebd., S. 31, 35, 39. Die Uhrzeit wird jedoch nicht dort in der richterlichen Akte, sondern im Totenschein selbst angegeben (vgl. die Reproduktion in Puttnies/Smith 1991, S. 31, sowie bei I. Scheurmann/Exil 1992 in I. & K. Scheur-

Benjamin Walters Tod eingetragen.[206] Es handelt sich um einen Formularvordruck, der handschriftlich um die relevanten Daten ergänzt wird:

— — — — —

„**En** *Port-Bou, provincia de Gerona,* **a las** *catorce* **y** *quince* **minutos del** *veintisiete* **de** *Septiembre* **de mil novecientos** *cuarenta,* **ante D.** [Don] *Fernando Pastor Nieto,* **Juez municipal, y D.** [Don] *José Ruiz Granés,* **Secretario, se procede a inscribir la defunction de** *D.* [Don] *Benjamin VValter Dr.,* **de** *edad cuarenta y ocho años,* **natural de** *Berlin (Alemania)* [...], **de profesión** *Dr.* **y de estado** *casado con Dora Kellner* **falleció en** *Fonda de Francia, de esta* **el dia** *veintiseis* **de***l actual,* **a las** *veintidos* [**y**] *horas* [**minutos**], **a consecuencia de** *hemorragia cerebral,* **según resulta de** *la certificación facultativa* **y reconocimiento practicado, y su cadáver habrá de recibir sepultura en el Cementerio de** *esta localidad*[.]“[207]

— — — — —

Vordruck
Handschrift in blauer Tinte
Handschrift in schwarzer Tinte

mann/Für WB 1992, S. 101). Mit 14.15 Uhr handelt es sich genaugenommen nicht mehr um den „Morgen", an dem bei Henny Gurland der Totenschein ausgestellt wurde (vgl. Gurland/Scholem 2016 [1940/1975], S. 280).

206 In dem von Hans Puttnies und Gary Smith herausgegebenen Band „Benjaminiana" wird als Fundort dieses Dokuments das Amtsregister von Figueras genannt („Totenschein Walter Benjamins im Amtsregister von Figueras. Reproduktion von Mely, Figueras." Puttnies/Smith 1991, S. 30. Dort in Majuskeln). Bei Ingrid Scheurmann (I. Scheurmann/Exil 1992 in I. & K. Scheurmann/Für WB 1992, S. 101) ist das identische Dokument in Schwarzweiß abgebildet. Dort lautet der Fundort: „Auszug aus dem Totenbuch der Gemeinde Portbou, Nr. 25, Bd. 26, 1940. *Gemeinde Portbou.*" (Ebd., Kursivierung dort.) Zumindest wird dort nicht darauf hingewiesen, falls sich das Dokument inzwischen in Figueras befunden haben sollte. Bei Puttnies und Smith wird dieser „Totenschein" als farbige Reproduktion wiedergegeben, was die verschiedenfarbigen Tinten der handschriftlichen Eintragungen zu unterscheiden erlaubt. In David Mauas' Dokumentarfilm „Who killed Walter Benjamin..." weist eine Schriftgutachterin ebenfalls auf unterschiedliche Tintenfarben hin.

207 Zitiert nach der farbigen Reproduktion in Puttnies/Smith 1991, S. 31. Die unterschiedlichen Tintenfarben lassen auf mehrere Bearbeitungsstufen schließen. Die Haupteintragungen erfolgten in blauer Tinte. Bestimmte Eintragungen wurden offenbar zu einem anderen Zeitpunkt in schwarzer Tinte vorgenommen: der Geburtsort „Berlin (Alemania)", die Ex-Ehefrau „Dora Kellner", die Namen der Zeugen „Santiago Sanz Sanz"

— — — — —

„In *Port-Bou, in der Provinz Girona,* **wurde am** *siebenundzwanzigsten September* **des Jahres Neunzehnhundert***vierzig* **um** *14.15 Uhr* **vor dem Stadtrichter** *Fernando Pastor Nieto* **und dem Sekretär** *José Ruiz Granés* **der Tod von** *Benjamin VValter Dr.* **registriert,** *achtundvierzig Jahre alt,* **geboren in** *Berlin (Deutschland)* [...], **von Beruf** *Dr.* **und** *verheiratet mit Dora Kellner,* **gestorben** [hier] **in** [der] *Fonda de Francia,* **am** *sechsundzwanzigsten* [desselben Monats/ Jahres], **um** *zweiundzwanzig Uhr,* **an den Folgen einer** *Gehirnblutung,* **laut** *dem ärztlichen Attest* **und der durchgeführten Untersuchung, und sein Körper wird auf dem Friedhof** *dieses Ortes* **bestattet**[.]“

— — — — —

und „Julio Olivar Campa“ (die Transkription der Zeugennamen folgt hier Costa 1990 [1979], S. 352). Die wesentliche Eintragung des Namens des Stadtrichters weiter oben im Formular ist ebenfalls in Schwarz: „Fernando Pastor Nieto“. Bei den Unterschriften am Ende des Formulars ist die Unterschrift des Richters wiederum blau, die der drei anderen Personen schwarz (bei der vierten Unterschrift handelt es sich um die des Sekretärs José Ruiz Granés). Weil die Eintragungen in der Zeile mit dem Namen Dora Kellner in Blau beginnen und in Schwarz fortgesetzt werden, kann man ableiten, dass die blauen Eintragungen zuerst erfolgten. Der Inhalt der Eintragungen in schwarzer Tinte lässt darauf schließen, dass es sich zum Teil um nachträgliche Ergänzungen aus Benjamins Passdokumenten handelt. Einen besonders auffälligen Wechsel in der Handschrift gibt es nicht. Wenn man jetzt folgerte, dass aufgrund der blaufarbigen Unterschrift des Richters er selbst derjenige war, der die blauen Eintragungen machte, bliebe ungeklärt, warum er seinen eigenen Namen oben – in schwarzer Tinte – nicht selbst sofort eingetragen hätte. Es könnte daher sein, dass es drei (oder mehr) Bearbeitungsstufen gab und der Richter erst am Ende zufällig wieder in Blau unterschrieb. Das erklärt letztlich nicht, warum der Name des Richters wie die der Zeugen erst nachträglich in Schwarz ergänzt wurde. Das würde nur Sinn ergeben, wenn der den Fall behandelnde Richter nicht von vornherein feststand. Die bei Scheurmann wiedergegebene Gerichtsakte zu den Vorgängen am 26. September suggeriert, dass der Richter Fernando Pastor Nieto an diesem Abend persönlich im Sterbezimmer Benjamins anwesend war.

Auf dem Formular wird aus Walter Benjamin endgültig Herr Benjamin Walter.[208]

In der Eintragung dieses Tages wird er namentlich genannt (vgl. Dokument Nr. 2 in I. Scheurmann/Neue Dok. 1992, S. 29, 33, 37). An den folgenden Tagen firmiert er in der Akte nur noch allgemein als „Sr. Juez municipal", Stadtrichter.

208 Vorbereitet wurde die Namensdrehung durch den flottierenden akademischen Grad bereits am Vorabend mit der Eintragung in das Protokoll des Stadtrichters: „VValter Benjamin Dr." Der dem Namen kommalos angehängte Doktortitel, der vor dem Namen besser aufgehoben wäre, vernebelte die Leserichtung:

Dr. Walter Benjamin
Walter Dr. Benjamin
Dr. Benjamin, Walter
Walter, Dr. Benjamin
Walter, Benjamin Dr.
Walter Benjamin Dr.
Benjamin, Walter Dr.
Benjamin, Dr. Walter
Dr. Walter, Benjamin
Benjamin Dr. Walter
Dr. Benjamin Walter

Der Riss durch den Namen geht jetzt mitten durch den Totenschein. Während links oben zwischen der Nummerierung: „25.-" und dem gestempelten Profilfoto unter „NOMBRE Y APELLIDOS" (Name und Familienname) noch (oder wieder) „VValter Dr." und dann auf einer neuen Zeile „Benjamin" in der richtigen Reihenfolge stehen (wobei der „Dr." abermals aus der Reihe fällt), spiegelt sich der

Der Eintragung im Personenstandsregister wird ein Profilfoto angeheftet.[209] Ein Testament des Verstorbenen sei nicht bekannt. Nachdem Henny Gurland und ihr Sohn ihre Einreise legalisiert bekommen haben, Benjamin Walters Ableben amtlich registriert und kirchlich begleitet, eine Grabnische für fünf Jahre gemietet, die Leiche zumindest auf den Weg zur Grabnische gebracht wurde, folgen die Gurlands der Birman-Gruppe durch Spanien nach Lissabon.[210]

Name rechts davon auf derselben Seite zu „D. [Don] Benjamin VValter Dr." (vgl. die Reproduktion in Puttnies/ Smith 1991, S. 31). Alle weiteren amtlichen Einträge kennen nur noch Herrn Benjamin Walter. Das Dokument übernimmt die eigentümliche Schreibweise „VValter" mit Doppel-V statt W aus dem maschinengeschriebenen stadtrichterlichen Protokoll vom Vorabend jetzt auch hier in den handschriftlichen Eintragungen – man schreibt hier also aus der Gerichtsakte ab. Laut diesem Protokoll ist der Name dem „Reisepaß Nr. 224" entnommen worden, „ausgestellt in Marseille vom AMEnICAN FOREIGN Service am 20. August d.J. auf den Namen VValter Benjamin Dr. [...]." (Dokument Nr. 2 in I. Scheurmann/Neue Dok. 1992, S. 30, 34, 38. Die hier zitierte Übersetzung auf S. 38. Im dort reproduzierten Originaldokument wird auch „SERVICE" in Majuskeln geschrieben, ebenso wie „VVALTER [Zeilensprung] BENJAMIN DR." [S. 30].) Was genau in dem amerikanischen Behelfspass stand, ist nicht zu klären, das Protokoll des Stadtrichters jedenfalls notiert „VValter Benjamin Dr." Erst 1992 wird mit dem Fund des damaligen Untersuchungsberichtes über Herrn Benjamin Walter in den ehemaligen Räumlichkeiten des Gemeindearchivs im alten Rathaus von Port-Bou die Bedeutung dieser Namensdrehung bewusst (vgl. I. Scheurmann 1992, S. 7 f.).

209 Die Hinzufügung eines Fotos ist ungewöhnlich. Angeblich ist die Profilaufnahme das einzige Foto in diesem Registerband (vgl. Costa 1990 [1979], S. 352; vgl. auch Ott 1990, S. 313; I. Scheurmann/Neue Dok. 1992, S. 15).

210 „Frau Gurland trug für Benjamins Beerdigung Sorge, an der, nach Beratung mit dem Priester, sie und

ihr Sohn indessen nicht mehr teilnahmen.“ (Ott 1990, S. 313. Woher diese Information dort genau stammt, ist nicht richtig nachzuvollziehen. Vermutlich handelt es sich um eine Auskunft Joseph Gurlands gegenüber Tiedemann.) Zu welcher Uhrzeit genau die Gurlands Port-Bou verließen, ist schwer zu ermitteln. Die zusammengetragenen Hinweise ergeben ein unscharfes Bild. Noch einmal Henny Gurlands Satz: „Ich habe um José und mich entsetzliche Angst ausgestanden, bis der Totenschein am nächsten Morgen ausgestellt war.“ (Gurland/Scholem 2016 [1940/1975], S. 280.) Der Morgen (des 27. Septembers) war es nicht mehr, sondern der frühe Nachmittag. Da kein anderes, unter Umständen früher ausgestelltes Dokument bekannt ist, wird es sich bei dem bekannten und oben zitierten Totenschein um den entscheidenden Verwaltungsakt handeln, nach dem dann auch die Gurlands Port-Bou Richtung Portugal verlassen durften. Der anonyme Bericht teilt dazu vage mit: „Man blieb dann noch bis zu dem Wegschaffen der Leiche auf den katholischen Friedhof in Portbou [...].“ (Anonym/Wizisla 2015 [1940], S. 347.) Darin sind einige Variablen nicht aufzulösen: 1. ob mit „man“ nur die Birman-Gruppe gemeint ist (was der Fall wäre, wenn Erdmut Wizislas Vermutung stimmt, dass sich der ganze anonyme Bericht ausschließlich auf Birman und Freund stützte) oder auch Gurland einschließt (die ich aus den in Anmerkung 52 hier in diesem Text dargelegten Gründen für eine der Berichterstatterinnen halte). Davon hängt die 2. Variable ab: wann die Überführung der Leiche auf den Friedhof erfolgte – bereits in der Nacht kurz nach dem Ableben (am 26. September, nachdem gegen 22.35 Uhr der Richter da

war) oder nach einer „Zwischenstation“ bei den Mönchen erst zur Beisetzung am 27. September. Wenn mit „man“ ausschließlich die Birman-Gruppe gemeint ist, dann hätte laut dieser Aussage die Überführung zum Friedhof schon in der Nacht zum 27. September stattgefunden (denn spätestens am frühen Morgen des 27. Septembers fährt die Gruppe ab). Schließt das „man“ die Gurlands mit ein, dann geschähe das erst am Nachmittag des 27. Septembers, weil die Gurlands bis zur Ausstellung des Totenscheins (14.15 Uhr am 27. September) blieben – womit sich aus der Aussage ableiten ließe, dass auch erst zu diesem Zeitpunkt die Überführung der Leiche zum Friedhof stattfand. In dem anonymen Bericht folgt der Satz, dass man noch bis zum „Wegschaffen der Leiche“ blieb, nach der Information, dass die Gurlands etwas später als die Birman-Gruppe das Geld für ihren Einreisestempel bezahlten und ihn daraufhin bekamen. Laut Gurlands Bericht geschah das „am nächsten Tag“, also eben am 27. September. Der Schreiner schließlich stellte am 2. Oktober 1940 30 Peseten „Für die Überführung zum Friedhof durch sechs Männer“ in Rechnung (Dokument Nr. 7 in I. Scheurmann/Neue Dok. 1992, S. 51 f.). Wenn dies wiederum nur hieße: die Überführung des noch leeren Sarges zum Friedhof, dann ist diese Information zweitrangig. Nimmt man aber an, sechs Männer bräuchte es nur, wenn in dem Sarg auch eine Leiche läge, dann wäre die Überführung derselben zum Friedhof ganz sicher erst am 27. September (oder später) geschehen, denn in der Nacht (in der er die Leiche im Hotel de Francia erst vermaß) hat Enrique Espendalé wahrscheinlich keinen Sarg mehr hergestellt. Insofern der Schreiner

Freitag, 27. September oder Samstag, 28. September 1940

Benjamin Walters Leiche wird in den von Enrique Espadalé Bandés maßgeschreinerten,[211] mit Stoff gefütterten[212] Sarg gelegt, von sechs Männern[213] zum örtlichen Friedhof gebracht und dort auf dem katholischen Teil in der Grabnische 1 bzw. 563[214]

die Rechnung für die Sargträger stellt, waren es auch nicht die Mönche, die die Leiche zum Friedhof überführten – wenn die sechs Männer eben nicht nur eine leere Kiste trugen. Benjamins Leiche könnte auch die Nacht über im Hotel de Francia geblieben sein. Dem steht jedoch Birmans (35 Jahre später aufgezeichnete) Erinnerung an die Mitnahme der Leiche durch die Mönche entgegen, die noch in derselben Nacht vor der Abreise der Birman-Gruppe geschehen sein müsste: „[Gurland] sagte jedoch nichts Derartiges [dass Benjamin Jude war] und ließ sie [die Mönche] den Leichnam des Verstorbenen mitnehmen.“ (Birman/Wizisla 2015 [1975/2006], S. 367; „let them take the body“, Birman/Foothold 2006 [1975], S. 9.) Die Gerichtsakte selbst äußert sich zu dieser Frage nur noch hinsichtlich der Fünfjahresfrist der Grabnische (vgl. Dokument Nr. 2 in I. Scheurmann/Neue Dok. 1992, S. 30 f., 34 f., 38 f.). Die Leiche war nun Sache der Kirche sowie des Schreiners. Und des Maurers, für den der Schreiner in seiner Rechnung acht Peseten für das „Zumauern der Nische“ berechnete (vgl. Dokument Nr. 7 in I. Scheurmann/Neue Dok. 1992, S. 51 f.).

211 Vgl. Dokument Nr. 2, ebd., S. 29, 33, 37.

212 Vgl. Dokument Nr. 7, ebd., S. 51 f.

213 Vgl. ebd.

214 Der Filmemacher Manuel Cussó-Ferrer hat die Geschichte der Nummerierung dieser Grabnische sowie ihre spätere Weiternutzung rekonstruiert (vgl. Cussó-Ferrer 1992): Die Nummer 1 ergab sich aus dem Neubau von zunächst 28 Grabnischen, die sich ursprünglich zwischen dem katholischen und dem nicht-katholischen Teil des Friedhofs befanden. Diese Unterteilung gibt es

eingemauert.[215] Es erfolgen weitere amtliche und kirchliche Eintragungen in unterschiedliche Register: Pfarrer Andrés Freixa nimmt eine Eintragung im Sterberegister Nr. III der Pfarrei Santa Maria von Port-Bou unter der Nummer 16 vor: „Walter, Benjamin“[216]

> „Am 26. September 1940 verstarb hier in Port-Bou, Bistum und Provinz Gerona, im Alter von 48 Jahren Herr Benjamin Walter, gebürtig aus Berlin, aus Frankreich kommend, verheiratet mit Dora Kellner. Er empfing die Letzte Ölung. Am darauffolgenden Tag wurde er in der Grabnische Nr. 1 der neuen Nischen auf der Südseite der Kapelle des hiesigen Katholischen Friedhofs begraben.“[217]

Der dem 26. September folgende Tag ist Freitag, der 27. Andrés Freixa führt auch das amtliche Grabnischenbelegungsregister. Neben dem dort in Bleistift eingetragenen Preis von 75 Peseten (für die fünf Jahre) steht da aus derselben Hand zur Grabnische 563 aber: „28. September 1940: Vom hiesigen Gemeindegericht zur Beisetzung des Leichnams von Herrn Benjamin Walter, 48 Jahre alt, gebürtig aus Berlin, hier auf der Durchreise, mietweise zur Verfügung gestellt.“[218]

nicht mehr. Die Nummerierung setzte später die laufende Nummerierung der älteren Grabnischen fort und wurde eine Zeit lang doppelt geführt. So erklärt sich die Doppelnummerierung 1 und 563. Benjamin Walters Grabnische wurde nach den fünf Jahren, für die die Gebühr entrichtet worden war, 1945 einer anderen Familie übereignet, die sie später noch um die benachbarte (darüberliegende) Nische erweiterte.

215 Vgl. Dokument Nr. 7 in I. Scheurmann/Neue Dok. 1992, S. 51 f.

216 Bei Cussó-Ferrer (Cussó-Ferrer 1992 in I. & K. Scheurmann/Für WB 1992, S. 161) ist die Reproduktion dieser Eintragung im Sterberegister III der Kirchengemeinde Santa Maria de Port-Bou abgebildet. Im Verzeichnis steht zwischen „Walter“ und „Benjamin“ deutlich erkennbar ein Komma. Cussó-Ferrer hat diese Dokumente gemeinsam mit Pilar Parcerisas recherchiert (vgl. ebd., S. 165, Fußnote 6).

217 Zitiert nach Cussó-Ferrer 1992, S. 161. Cussó-Ferrers Text und damit wohl auch die Eintragung wurde von Christine Mundt-Espín übersetzt.

218 Zit. nach Cussó-Ferrer 1992, S. 161, die Reproduktion als Abbildung auf S. 165. Pfarrer Andrés Freixa übernimmt im Jahr 1945 den 28. September 1940 als Beisetzungstag Benjamin Walters in einen weiteren Grabnischenbelegungsplan, aus dem heute auch die Doppelnummerierung ersichtlich ist (vgl. ebd., S. 162, dort die Reproduktion dieses Plans). Die Rechnung des Pfarrers für die Nischengrabmiete, Sachleistungen und Gebühren sowie eine Messe datiert das Begräbnis auf den 28. September. Das Datum der Rechnungsstellung ist der 1. Oktober

Ebenso wie Walter Benjamins Sterben scheint sich Benjamin Walters Begräbnis über 24 Stunden hinzuziehen. Alle Mitreisenden haben zu diesem Zeitpunkt Port-Bou verlassen. Stadtrichter Fernando Pastor Nieto fordert die Rechnungen des Pfarrers, des Hotelbesitzers und Schreiners an. Pfarrer Andrés Freixa liest eine Messe im Wert von sechs Peseten.[219] Ob die Grabnische nun am Freitag oder am Samstag zugemauert wurde, wird ihm einerlei gewesen sein.[220]

1940 (vgl. Dokument Nr. 6 in I. Scheurmann/Neue Dok. 1992, S. 49 f.).

219 Vgl. Dokument Nr. 6 in I. Scheurmann/Neue Dok. 1992, S. 49 f. Wann genau er diese Messe gelesen hat, ist unklar. Damit könnte auch bereits das von Birman erwähnte Requiem am Totenbett gemeint sein (siehe Anmerkungen 185, 187 und 197 hier in diesem Text). Denkbar ist auch, dass sich Messe und eigentliche Beisetzung in ungewisser Reihenfolge an zwei verschiedenen Tagen abspielten, die eine am 27., die andere am 28. September. Das würde die zwei unterschiedlichen Eintragungen etwas verständlicher erscheinen lassen. Freixas Rechnung gibt ebenso wie sein Eintrag ins Grabnischenregister unmissverständlich den 28. September an. Die von ihm im Kirchenregister gegebene Auskunft, Benjamin Walter sei nach seinem Ableben am 26. September schon am „darauffolgenden Tag" beigesetzt worden, steht damit auf etwas wackligen Füßen.

220 In meiner Auslegung und Beurteilung der Primärquellen hieße das alles nun: Der Priester und die Mönche nahmen die Leiche in der Nacht vom 26. zum 27. September mit in das Kloster bzw. die Kirche. Am 27. September nachmittags um 14.15 Uhr wird der Totenschein ausgefüllt und der Leichnam vom Schreiner bzw. sechs Sargträgern auf den Friedhof gebracht. Der Zeitpunkt der Abholung des Leichnams aus der Kirche oder dem Kloster ist der Moment, in dem der Priester Freixa die Eintragung ins kirchliche Sterberegister vornimmt. Er geht von einer (dann nicht erfolgten) Beisetzung noch am selben Tag (27. September) aus. Insofern ich Henny Gurland für eine der beiden Berichterstatterin-

Der Rest ist Rauschen
Benjamin Walter ist in der Grabnische beigesetzt, die Nische zugemauert.[221] Die Trägheit amtlicher Geschäfte lässt das Protokoll der Gerichtsakte noch einige Tage weiterlaufen.

Am Samstag, 28. September 1940

— stellt der Arzt Ramón Vila Moreno „[f]ür vier Krankenbesuche, mit Spritzen, Blutdruckmessen und Aderlaß am Reisenden Herrn Benjamin Walter" insgesamt 75 Peseten in Rechnung.
— wird vom Richter der Umtausch von Benjamin Walters Devisen in Peseten angeordnet.

Am Sonntag, 29. September 1940

— herrscht Stille in den Dokumenten.

Am Montag, 30. September 1940

— werden Benjamins Devisen von 70 Dollar und 500 Francs in 972,05 Peseten (abzüglich 0,50 Peseten Provision für die Bank) umgetauscht.
— *ungefähr* an diesem Tag kommt Benjamins letzte Postkarte bei Juliane Favez in Genf an.
— *ungefähr* an diesem Tag („In einer Septembernacht des Jahres 1940"[222]) begeht Arthur Koestler seinen scheiternden Suizidversuch mit den anderen 31 Morphiumtabletten, der zweiten Hälfte von Walter Benjamins ursprünglichem Vorrat.

nen für den anonymen Bericht halte (siehe Anmerkungen 52 und 210 hier in diesem Text), meint dieser Bericht insbesondere sie, die noch bis zum „Wegschaffen der Leiche auf den katholischen Friedhof" in Port-Bou blieb. Danach verlassen Henny Gurland und ihr Sohn am Nachmittag des 27. Septembers Port-Bou. Am 28. September erfolgt dann die formale Bestattung in der Grabnische 1 (563), die anschließend zugemauert wird. Erst jetzt ist die Beisetzung vollständig abgeschlossen und der Priester Freixa trägt die Belegung der Grabnische entsprechend unter dem Datum des 28. Septembers ein, dem nun die weiteren Dokumente einschließlich Freixas Rechnung folgen.

221 Die Leiche blieb dort, bis die auf fünf Jahre beglichene Miete auslief, ohne dass während des Krieges jemand Anspruch auf den Toten und dessen Hinterlassenschaft gestellt hätte. Seine sterblichen Überreste wurden vermutlich in ein Sammelgrab umgebettet, bevor am 20. Dezember 1945 Frau Francisca Costa Roset in der Grabnische 563 bestattet wurde (vgl. Cussó-Ferrer 1992, S. 163 ff.).

222 Koestler/Suizid-Protokoll 2006 [1940]. Es handelt sich eventuell um eine nachträgliche Datierung, die nicht ganz korrekt ist. Koestler bezieht sich in seinem „Suizid-Protokoll" explizit auf die Selbsttötung Benjamins. Es ist jedoch nicht sehr wahrscheinlich, dass Koestler noch im September von Benjamins Tod erfahren hat. Die erste Nachricht davon wird vermutlich mit der Birman-Gruppe am 1. Oktober in Lissabon eingetroffen sein.

Am Dienstag, 1. Oktober 1940

— kommen Carina Birman und ihre Schwester Dele, Sophie Lippmann und Grete Freund in Lissabon an.[223]

— stellt das Hotel de Francia unter dem Namen Juan Suñer und mit der Unterschrift von dessen Frau Eva Raffegeau 166,95 Peseten für insgesamt fünf Tage in Rechnung, vom 26. bis 30. September (1x Zimmer mit Abendessen 12 Peseten, 4x Zimmer einfach für insgesamt 20 Peseten), ferner für fünf Zitronensprudel (zusammen 5 Peseten), vier Telefongespräche (8,80 Peseten), „farmacia" (13 Peseten), „Einkleiden der Leiche, zwei Personen" (30 Peseten), „Desinfizieren des Zimmers, Reinigung der Matratze, Weißen der Wände" (75 Peseten), plus 3,15 Peseten für Bedienung, Steuermarken, Wohlfahrtsabgabe.[224]

— stellt Pfarrer Andrés Freixa für das auf den 28. September 1940 datierte Begräbnis Benjamin Walters in Rechnung: 75 Peseten „Für die 5-Jahres-Miete eines Nischengrabes auf dem Katholischen Friedhof dieses Ortes, wo die Leiche von Herrn B. Walter beerdigt worden ist"; 12 Peseten für „Sachleistungen der Pfarrkirche, Pfarrgebühren, Meßdiener" und 6 Peseten für eine „Messe, gelesen zum Andenken an den Verstorbenen".[225] Die 93 Peseten werden direkt an Freixa ausbezahlt.

223 Vgl. Birman/Foothold 2006 [1975], S. 14.

224 Dokument Nr. 5 in I. Scheurmann/Neue Dok. 1992, S. 46 ff. Die Hotelbetreiber Juan Suñer und seine Frau Eva Raffegeau stellten fünf Tage in Rechnung, deren erster auf den 26. September datiert ist (mit Abendessen), eigentlich Benjamins Todestag. Die erste Übernachtung muss vom 25. auf den 26. September stattgefunden haben. Mit der Reinigung, Desinfektion und Renovierung des Sterbezimmers mögen sich die weiteren vier in Rechnung gestellten Tage bis 30. September erklären. Der anonyme Bericht leugnet ein Abendessen am Ankunftsabend. Möglicherweise ist das unverhoffte üppige Mahl, das der Hotelbesitzer nach der Zahlung von Schmiergeldern der Birman-Gruppe bescherte, auf Benjamins Rechnung geraten. Das Datum (26. September) wäre in diesem Falle korrekt, allerdings die Summe für vier Personen wohl zu gering. (Ein Zimmer kostete pro Tag fünf Peseten, für Benjamins Zimmer und Abendessen zusammen wurden für den 26. September insgesamt zwölf Peseten abgerechnet.)

225 Dokument Nr. 6, ebd., S. 49 f.

Am Mittwoch, 2. Oktober 1940

— stellt der Schreiner Enrique Espadalé Bandés seine Rechnung über 275 Peseten für den Sarg; 30 Peseten für die Überführung zum Friedhof durch sechs Männer; 8 Peseten für den Maurer für das Zumauern der Nische. Die insgesamt 313 Peseten werden direkt an ihn ausbezahlt.

Am Donnerstag, 3. Oktober 1940

— erfolgt die Schlussrechnung in der Gerichtsakte: von den 971,55 hinterlassenen Peseten werden die Gesamtkosten aller Beteiligten in Höhe von 697,95 Peseten abgezogen. Es verbleiben 273,60 Peseten.

— erstatten zwei der Begleiterinnen Benjamins (wahrscheinlich Birman und Gurland) in Lissabon einem oder einer Unbekannten Bericht, der oder die alles aufzeichnet.

Am Freitag, 4. Oktober 1940

— wird vom Stadtrichter in Port-Bou die Überführung aller verbliebenen, von Benjamin Walter hinterlassenen Gegenstände (inkl. der Uhr) durch den Gerichtssekretär persönlich an das Landgericht Figueras verfügt. Der Sekretär darf 10 Peseten Reisekosten einbehalten.[226]

Am Samstag, 5. Oktober 1940

— kommt Lion Feuchtwanger mit dem Schiff in New York an und gibt ein Interview, in dem er brisante Details über die Umstände seiner

226 Vgl. Dokument Nr. 2, ebd., S. 32, 36, 40.

Flucht, den Fluchtweg und die Methoden seiner Fluchthelfer verrät.

— fährt der Gerichtssekretär José Ruiz Granés nach Figueras und übergibt Benjamins Hinterlassenschaft an das dortige Gericht. Die Übergabe der Aktentasche, des Geldes und aller sonstigen verbliebenen Dinge an das Amtsgericht Figueras wird vom dortigen Gerichtssekretär Luis Casellas quittiert.[227]
— zieht José Ruiz Granés seine 10 Peseten Reisespesen von der verbliebenen Summe aus dem Nachlass Benjamin Walters ab, womit dort 263,60 Peseten verbleiben.[228]

Damit endet die Gerichtsakte. Sie wird im Gemeindearchiv im damaligen Rathaus von Port-Bou verwahrt und erst 1992 wieder aufgefunden.

Am Sonntag, 6. Oktober 1940

— erscheint Feuchtwangers Interview in der New York Times.[229]

Am Montag, 7. Oktober 1940

— erreicht die Meldung von Benjamins Tod aus Lissabon über die Overseas News Agency die USA.[230]

Am Mittwoch, 9. Oktober 1940

— schreibt Grete Freund aus Lissabon ihren hier als Quelle dienenden Brief an eine unbekannte Person.

227 Vgl. Dokument Nr. 3, ebd., S. 42 f.
228 Im Brief des Grenzkommissariats vom 30. Oktober an Horkheimer sind diese zehn Peseten im Gesamtbetrag noch enthalten (vgl. Sols 1983 [1940] bei Tiedemann 1983, S. 1197 f.). Wahrscheinlich zitiert er eine Kopie oder einen Durchschlag der Akte, auf der die Notiz über die abgezogenen zehn Peseten nicht enthalten ist (sie ist der bei Scheurmann abgedruckten Reproduktion lediglich als „NOTA" am Ende der letzten Seite angefügt; vgl. Dokument Nr. 2 in I. Scheurmann/Neue Dok. 1992, S. 32, 36, 41).
229 Flight described by Feuchtwanger. American 'Kidnapped' Him, Gave Him Women's Clothes to Escape Nazis. In: The New York Times, Sonntag, 6. Oktober 1940, S. 38.
230 Vgl. Scientist Suicide in Spain. Many Refugees Believed Victims of Mountain Gangs. In: Aufbau, 11. Oktober 1940, S. 3.

Am Freitag, 11. Oktober 1940

— schreibt Henny Gurland aus Lissabon ihren hier als Quelle dienenden Brief an Arkadi Gurland.

— schreibt Max Horkheimer einen Brief an die Grenzbehörden in Figueras oder Port-Bou mit der Bitte um Aufklärung über die Todesumstände von Walter Benjamin.

— erscheint in der New Yorker Zeitung „Aufbau" die erste Nachricht über den Tod Walter Benjamins.[231]

Am Freitag, 18. Oktober 1940

— wird Benjamins Tod in der Zeitschrift „Die Tat", Zürich, erstmals in der europäischen Presse erwähnt.[232]

— erscheint ein von Adorno verfasster Nachruf in der Zeitung „Aufbau".[233]

Am Mittwoch, 30. Oktober 1940

— beantwortet ein Antonio Sols im Auftrag der Generaldirektion der Sicherheitspolizei, Grenzkommissariat, Figueras (Gerona) Spanien, Chefkommissar, Horkheimers Brief vom 11. Oktober mit den dort aktenkundigen Informationen über das Ableben von Benjamin Walter und den Verbleib seiner Hinterlassenschaft.

231 Ebd.
232 M. [Hans Mayer]: Walter Benjamin. In: Die Tat, Zürich, 18. Oktober 1940, S. 5. Vgl. auch I. & K. Scheurmann/Für WB 1992 , S. 168.
233 Theodor W. Adorno: Zu Benjamins Gedächtnis. In: Aufbau, 18. Oktober 1940, S. 7.

Bahnhof und Kirche in Portbou

Grabnische 563

Friedhof Portbou

In den Bergen

Teil 3

Kopfschüttelnd betrachte ich die platten Sohlen meiner Schuhe. Bis zum Gipfel scheint es nicht mehr weit. In sieben Stunden soll die ganze Tour zu machen sein, vier, knapp fünf sind schon vergangen, und ich bin immer noch nicht auf dem Kamm. Beschilderungen sehe ich nicht, oft sind sie erst hinter einer Gabelung zu finden. Die umgekehrte Richtung ist nicht vorgesehen, und so laufe ich fächerförmig in den Berg, bei jeder Kreuzung zwei Versuche. Keine Menschenseele hier, verloren im Gebüsch.

Mein Erstkontakt mit Benjamin war die neunte seiner Thesen über den Begriff der Geschichte. Sie erwischte mich als Soundinszenierung der Einstürzenden Neubauten in Hubertus Siegerts Dokumentarfilm „Berlin Babylon".[234] *Eine Zeitrafferaufnahme am Himmel ziehender Wolken zwischen Mauern, und Angela Winkler spricht gegen pfeifenden Wind und zerdepperndes Geschirr:*

> „Ein Engel, der aussieht, als wäre er im Begriff, sich von etwas zu entfernen, worauf er starrt.[235] Seine Augen sind aufgerissen, sein Mund steht offen und seine Flügel sind aufgespannt. Der Engel der Geschichte muß so aussehen. Er hat das Antlitz der Vergangenheit zugewendet. Wo eine Kette von Begebenheiten vor *uns* erscheint, da sieht *er* eine einzige Katastrophe, die unablässig Trümmer auf Trümmer häuft und sie ihm vor die Füße schleudert. Er möchte wohl verweilen, die Toten wecken und das Zerschlagene zusammenfügen. Aber ein Sturm weht

234 Nicht zu verwechseln mit der Fernsehserie „Babylon Berlin".

235 Der Wortlaut ist gegenüber Benjamins These für die Filmszene etwas angepasst worden. Das vorliegende Zitat ist das Filmzitat. Die Originalformulierung lautet: „Es gibt ein Bild von Klee, das Angelus Novus heißt. Ein Engel ist darauf dargestellt, der aussieht, als wäre er im Begriff, sich von etwas zu entfernen, worauf er starrt." Ferner heißt es eigentlich „ausgespannt" statt „aufgespannt". (Walter Benjamin: Über den Begriff der Geschichte. In: Ders.: Gesammelte Schriften, Band I/2. Herausgegeben von Rolf Tiedemann und Hermann Schweppenhäuser. Frankfurt/Main 2019, S. 697.) Die Thesen „Über den Begriff der Geschichte" sind etwa 1940 entstanden und postum 1942 erstveröffentlicht worden.

> vom Paradiese her, der sich in seinen Flügeln verfangen hat und so stark ist, daß der Engel sie nicht mehr schließen kann. Dieser Sturm treibt ihn unaufhaltsam in die Zukunft, der er den Rücken kehrt, während der Trümmerhaufen vor ihm zum Himmel wächst. Das, was wir den Fortschritt nennen, ist *dieser* Sturm."[236]

Die These IX der Betrachtungen „Über den Begriff der Geschichte" – sein letztes erhaltenes Manuskript, von dem der Herausgeber Rolf Tiedemann glaubt, dass es nur das gewesen sein kann, was er in der Aktentasche über die Pyrenäen trug – widmet Walter Benjamin Paul Klees Zeichnung „Angelus Novus" von 1920. Benjamin erwarb das Bild 1921 für 1.000 Mark (14 Dollar).[237] Es blieb 1933 nach Benjamins Ausreise in Berlin und wurde ihm 1935 nach Paris gebracht. Dort blieb es 1940 erneut zurück, als Benjamin über Lourdes und Marseille aus Frankreich vertrieben wurde. Mit einem der aufgeteilten Archivbestände – entweder zusammen mit den von Georges Bataille versteckten Unterlagen des Passagenwerkes in der Bibliothèque nationale oder bereits zuvor mit den über Benjamins Schwester Dora vermittelten Papieren, die 1941 in die USA gebracht wurden – kam das Bild bis zu dessen Tod in den Besitz Theodor W. Adornos. Danach besaß es Gershom Scholem, der es bei Benjamins Sohn Stefan mit Hinweis auf ein Testament eingefordert und nach dessen Tod bekommen hat. Heute befindet es sich im Israel Museum, Jerusalem.[238]

236 **Zitat in dem Dokumentarfilm „Berlin Babylon" ca. 1.03.00 h bis 1.04.53 h.** Hubertus Siegert [Regie, Drehbuch, Produktion]: Berlin Babylon. Deutschland 2001. Das Originalzitat: Walter Benjamin: Über den Begriff der Geschichte. In: Ders.: GS I/2, S. 697 f. Hervorhebungen dort.

237 **Scholem berichtet u.a. in „Walter Benjamin – die Geschichte einer Freundschaft" darüber** (vgl. Scholem/Freundschaft 2016 [1975], S. 128)**. Ausführlicher geht er in seinem Aufsatz „Walter Benjamin und sein Engel" darauf ein** (In: Gershom Scholem: Walter Benjamin und sein Engel. Vierzehn Aufsätze und kleine Beträge. Herausgegeben von Rolf Tiedemann. Frankfurt/Main 1992)**.**

238 Vgl. die Werkseite des Israel Museums, Jerusalem zu Paul Klees „Angelus Novus": www.imj.org.il/en/collections/199799?itemNum=199799 [letzter Zugriff: 25.10.2020].

„Dass dieser Ausweg eben doch bliebe."
Benjamin und der Freitod

Ein Testament hatte Walter Benjamin schon 1932 gemacht, als ihn eine „Kampfmüdigkeit an der ökonomischen Front"[239] überwältigte. Seit einem Jahr schon schwelte der Gedanke: „Er verfaßte sogar ein ‚Tagebuch vom siebenten August neunzehnhunderteinunddreißig bis zum Todestag'", schreibt Scholem, „das mit den Worten beginnt: ‚Sehr lang verspricht dieses Tagebuch nicht zu werden. Heute kam die ablehnende Antwort von Kippenberg und damit gewinnt mein Plan die ganze Aktualität, die ihm die Ausweglosigkeit nur geben kann.'"[240] Der Plan, seinem Leben selbst ein Ende zu setzen, mündete im Juli 1932 kurz nach seinem 40. Geburtstag[241] in einem Abschiedsbrief an seinen Vetter Egon Wissing (u.a.) sowie dem Testament, datiert auf den 27. Juli 1932, geschrieben in Nizza, wo sich Benjamin im Hotel du Petit Parc aufhielt. Es bestimmte Scholem zum Verwalter seines handschriftlichen Nachlasses. Wissing betraute er mit der Vollstreckung des Testamentes.[242] „Er hat diese Schriftstücke und Anweisungen", schreibt Scholem, „unter seinen Papieren aufgehoben und nicht vernichtet, als sein Lebenswille in letzter Stunde die Oberhand gewann."[243]

Die politischen Entwicklungen und sein Exil ab März 1933 machten Benjamins Lage in jeder Hinsicht prekärer, und sich dem ökonomischen Elend mittels Suizid zu entziehen, schien die 30er-Jahre hindurch als Option nicht geschwunden

239 Scholem/Freundschaft 2016 [1975], S. 223.
240 Ebd.
241 **Benjamin wurde am 15. Juli 1892 geboren.**
242 Vgl. Scholem/Freundschaft 2016 [1975], S. 232 ff.
243 Ebd., S. 235.

zu sein.[244] Schließlich erfolgte Mitte Juni 1940 die Flucht auch aus Paris, zunächst nach Lourdes, wohin auch Hannah Arendt nach ihrer Internierung in Gurs kam. Sie blieb bis Juli dort. 1941 schrieb sie an Scholem über die gemeinsamen Wochen in Lourdes:

> „Benji und ich spielten von morgens bis abends Schach und lasen in den Pausen Zeitungen, sofern es welche gab. Das ging alles ganz gut und schön bis [zu] dem Augenblick, wo der Waffenstillstandsvertrag mit der berühmten Auslieferungsklausel veröffentlicht wurde. Daraufhin war uns beiden natürlich noch erheblich unwohler, aber ich kann nicht sagen, dass Benji in wirkliche Panik geriet. Immerhin erfuhren wir von den ersten Selbstmorden von Internierten auf der Flucht vor den Deutschen. Und Benjamin begann zum ersten Male zu mir und wiederholt von Selbstmord zu reden. Dass dieser Ausweg eben doch bliebe. Auf meine höchst energische Einsprache, dass man dazu immer noch Zeit habe, wiederholte er sehr stereotyp, dass man das nie wissen könne und dass man auf keinen Fall damit zu spät kommen dürfe."[245]

Benjamin und Arendt trafen sich in Marseille im September wieder. „In diesen Tagen in Marseille sprach er wieder von Selbstmordabsichten."[246] Benjamin war aufgekratzt wegen des Freitods eines

244 Vgl. ebd., S. 273.
245 Arendt/Wizisla 2015 [1941], S. 325.
246 Ebd., S. 327.

jungen Freundes in Paris. Arendt berichtete Scholem in ihrem Brief vom 17. Oktober 1941 davon, und wie er dessen Entscheidung verteidigte: „Im Januar nahm sich einer seiner jungen Freunde aus dem Lager [...] das Leben. [...] Diese Sache hat ihn außerordentlich beschäftigt und er nahm in allen Gesprächen mit wirklich leidenschaftlicher Vehemenz die Partei dieses Jungen und seines Entschlusses."[247] Es ist anzunehmen, dass ihn das Ereignis an seinen Jugendfreund Christoph Friedrich Heinle erinnerte, der sich zu Beginn des Ersten Weltkrieges umbrachte. Die Postkarte, die Benjamin an Juliane Favez noch aus Port-Bou schrieb, erwähnt den Vorfall ebenfalls, wie es Hans Mayer wiedergibt: „‚Benjamin schrieb nach Genf [...]. Nun teilte er mit, man lasse ihn nicht durch: irgendein Visum war offenbar nicht erteilt worden. Die Mitteilung enthielt außerdem Hinweise auf einen Todesfall in Paris, der ihn, Benjamin, sehr getroffen habe. Er wußte nicht weiter, das war ersichtlich.'"[248] Der Freitod des Freundes: Dieser Gedanke war bei ihm an diesem Tag.

62, 30, 50. Arthur Koestler verzählt sich

In Marseille lief Walter Benjamin auch Arthur Koestler über den Weg. Dem ehemaligen Nachbarn aus der Rue Dombasle Nr. 10 in Paris gelang kurz darauf die Flucht mit falscher Identität über Casablanca zunächst nach Lissabon, schließlich nach England. In Koestlers schon 1941 während des Krieges erschienenem autobiografischen Buch

247 Ebd., S. 324. Zu diesem „Todesfall in Paris“ siehe auch Anmerkung 132 hier in diesem Text.
248 Zit. in Tiedemann 1983, S. 1203.

„Scum of the Earth“ schilderte er die Ereignisse in Frankreich von August 1939 bis Ende 1940, wo man Koestler wie alle anderen „unerwünschten Ausländer“ zu Kriegsbeginn internierte. Er begann es unmittelbar nach seiner Ankunft in England, wo er zunächst ebenfalls für mehrere Wochen inhaftiert wurde. Zu seiner letzten Begegnung mit Benjamin in Marseille steht hier:

> “Last time I had met him was in Marseilles, together with H., the day before my departure, and he had asked me: ‘If anything goes wrong, have you got anything to take?’ For in those days we all carried some ‘stuff’ in our pockets like conspirators in a penny dreadful; only reality was more dreadful. I had none, and he shared what he had with me, sixty-two tablets of a sedative, procured in Berlin during the week which followed the burning of the Reichstag. He did it reluctantly, for he did not know whether the thirty-one tablets left him would be enough. It was enough. A week after my departure he made his way over the Pyrenees to Spain, a man of fifty-five [eigentlich 48], with heart desease. At Port Bou the *Guardia Civil* arrested him. He was told that next morning they would send him back to France. When they came to fetch him for the train, he was dead.”[249]

249 Arthur Koestler: Scum oft the Earth. London 2006 [1941], S. 244.

„Das letzte Mal habe ich ihn am Tag vor meiner Abreise zusammen mit H. in Marseille getroffen, und er hat mich gefragt: ‚Wenn etwas schiefgeht, haben Sie etwas, das Sie schlucken können?' Denn damals trugen wir alle etwas ‚Stoff' in unseren Taschen wie Verschwörer in einem Groschenroman; nur war die Realität noch fürchterlicher. Ich hatte nichts, und er teilte mit mir, was er hatte: zweiundsechzig Tabletten eines Beruhigungsmittels, die er in Berlin in der Woche nach dem Reichstagsbrand beschafft hatte. Er tat es zögerlich, denn er wusste nicht, ob die verbliebenen einunddreißig Tabletten ausreichen würden. Sie reichten aus. Eine Woche nach meiner Abreise machte er sich auf den Weg über die Pyrenäen nach Spanien, ein Mann von fünfundfünfzig Jahren [eigentlich 48], mit einer Herzkrankheit. In Port Bou verhaftete ihn die *Guardia Civil*. Man sagte ihm, dass sie ihn am nächsten Morgen nach Frankreich zurückschicken würden. Als sie kamen, um ihn zum Zug zu bringen, war er tot."[250]

Koestler nahm es mit den Details nicht immer sehr genau. Das äußert sich auch in diesem Text. „Scum of the Earth" erschien erstmals 1941, im Original in englischer Sprache. Darin ist von 62 Tabletten eines „Beruhigungsmittels" die Rede. Die Szene wird 1954 nochmals kurz geschildert, im zweiten Teil von Koestlers Autobiografie, „The Invisible Writing":

250 Übersetzung von mir, MR.

> "Just before we left, I ran into an old friend, the German writer Walter Benjamin. He was making preparations for his own escape to England [eigentlich USA], by a different route; unable to obtain a French exit permit, he intended to walk into Spain across the Pyrenees, as hundreds of other refugees did. He had thirty tablets of a morphia-compound, which he intended to swallow if caught; he said they were enough to kill a horse, and gave me half of the tablets, just in case."[251]

Von „The Invisible Writing" existiert eine frühe deutsche Übersetzung unter dem Titel „Die Geheimschrift". Weitere Verbreitung im deutschen Sprachraum erfuhren Koestlers Lebenserinnerungen in Form einer zweibändigen Ausgabe, die die Bücher „Ein spanisches Testament" (Zürich 1938), „Scum of the Earth" (London 1941), „Arrow in the Blue" (London 1952, deutsch: „Pfeil ins Blaue", München 1953) und „The Invisible Writing" (London 1954, deutsch: „Die Geheimschrift", München 1955) teilweise in Bearbeitungen zusammenführt.[252] Nur „Ein spanisches Testament" wurde im Original auf Deutsch verfasst. „Scum of the Earth" erschien in dieser Ausgabe zum ersten Mal auf Deutsch. „Abschaum der Erde" wurde zum Obertitel für den gesamten zweiten Band dieser Ausgabe. Der übersetzte Text ist innerhalb des zeitlichen Verlaufes in der Übersetzung von „The Invisible Writing" integriert worden, was einige Kürzungen zur Folge

251 Arthur Koestler: The Invisible Writing. Danube Edition (ohne Ort) 1969 [1954], S. 512.

252 Vgl. Koestler in der editorischen Notiz, datiert auf Januar 1970, in: Arthur Koestler: Abschaum der Erde. Autobiografische Schriften. Zweiter Band. Übersetzt von Franziska Becker und Heike Curtze. Frankfurt/Main 1993 [1971], S. 463 f.

hatte. Gestrichen wurde u.a. die oben aus „Scum of the Earth“ zitierte Notiz über die Begegnung mit Walter Benjamin. Die Anekdote findet sich aber in der Version von „The Invisible Writing“ in diesem Band:

> „Kurz vor unserer Abfahrt nach Marseille bin ich zufällig einem alten Freund, dem deutschen Schriftsteller Walter Benjamin, begegnet. Er war dabei, seine eigene Flucht nach England [eigentlich USA] vorzubereiten; da er keine französische Ausreiseerlaubnis bekommen konnte, hatte er vor, gleich Hunderten anderer Flüchtlinge, sich zu Fuß über die Pyrenäen nach Spanien durchzuschlagen. Er besaß fünfzig [sic] Morphiumtabletten, die er zu schlucken beabsichtigte, falls er gefaßt werden sollte; er sagte mir, das sei genug, um ein Pferd umzubringen, und gab mir die Hälfte seiner Tabletten – ‚für alle Fälle‘.“[253]

Im Verlauf dieser Bearbeitungen und Übersetzung veränderte sich die Anzahl der Tabletten also mehrfach: Waren es in der englischen Originalversion „sixty-two tablets of a sedative“, so sind es dreizehn Jahre später in „The Invisible Writing“ nur noch „thirty tablets of a morphia-compound“. Während Benjamin im ersten Fall gezweifelt haben soll, ob die geteilte Pillenmenge überhaupt noch ausreichte, um sich umzubringen, soll er in der späteren Version der Begegnung gesagt haben, sie

253 Koestler/Abschaum 1993 [1971], S. 449, übersetzt in ebendieser Ausgabe von Franziska Becker und Heike Curtze. Die aus dieser Ausgabe stammende Textpassage wird daher im deutschsprachigen Kontext unter dem Titel „Abschaum der Erde“ zitiert, ist inhaltlich aber aus den dargelegten Gründen nicht identisch mit der originalen Textpassage aus „Scum of the Earth“.

würde genügen, „to kill a horse". In der deutschen Übersetzung schließlich entschied man sich für einen Kompromiss: „Er besaß fünfzig Morphiumtabletten, die er zu schlucken beabsichtigte [...]."

Was auch immer zur unsicheren Angabe der Pillenmenge führte – Nachlässigkeit, vermutete Irrelevanz, trübe Erinnerung, stille Post; Übertreibung oder Erfindung – Koestler irrte darin, dass sie ihren Zweck noch umstandslos erfüllten. Benjamins in der ersten Version noch existierende Sorge, ob die verbleibenden Tabletten „would be enough", war berechtigt: Sein Sterben zog sich über 24 Stunden hin, womöglich hat der Arzt auch nachhelfen müssen. Koestler strandete indessen in Lissabon. Er hat einen freien Hafen erreicht, er könnte Europa verlassen – wenn die britischen Behörden ihm denn ein Einreisevisum ausstellen würden. Sie taten es nicht. Die Nachricht, dass Benjamin seine Tabletten geschluckt hat und gestorben ist, hat in Lissabon bereits die Runde gemacht, Koestler war laut seinen Erinnerungen im Bilde. Er machte es ihm nach:

> "The day after the final refusal of my visa, I learned that Walter Benjamin, having managed to cross the Pyrenees, had been arrested on the Spanish side, and threatened with being sent back to France the next morning. The next morning the Spanish gendarmes had changed their minds, but by that time Benjamin had swallowed his remaining half of the pills and was dead. I took this to be an obvious hint of

the *language du destin*, and tried to follow his example. But Benjamin apparently had a better stomach, for I vomited the stuff out. It was the second time I had given in to self-pity, with the same ridiculous result: but after that, I felt much better."[254]

„Am Tag nach der endgültigen Ablehnung meines Visums erfuhr ich, daß es Walter Benjamin gelungen war, die Pyrenäen zu überqueren, daß er aber auf der spanischen Seite verhaftet worden war und daß man ihm gedroht hatte, ihn am nächsten Tag nach Frankreich zurückzuschicken. Am nächsten Morgen hatten es sich die spanischen Gendarmen anders überlegt, aber da hatte Benjamin bereits die ihm verbliebene Hälfte der Tabletten geschluckt und war tot. Ich faßte das als einen offensichtlichen Wink des Schicksals auf und versuchte seinem Beispiel zu folgen. Aber Benjamin hatte offenbar einen besseren Magen, denn ich erbrach das Zeug. Zum zweitenmal hatte ich einem Gefühl des Selbstmitleids nachgegeben, und es hatte zum gleichen lächerlichen Resultat geführt: hinterher fühlte ich mich besser."[255]

„Das müsste genügen, ein Pferd zum Schlafen zu bringen." Koestlers „Suizid-Protokoll"

Arthur Koestler führt dabei Protokoll. Unter der Überschrift „Notizen für Dr. Benno Lévy" schreibt er

254 Koestler/Writing 1969 [1954], S. 513.
255 Koestler/Abschaum 1993 [1971], S. 449 f., in der Übersetzung von Franziska Becker und Heike Curtze.

die Einnahmezeiten der Pillen auf, die er nicht alle auf einmal schluckt. Er lenkt sich ab, verfällt in Panik, dann in Lethargie, misst seinen Puls, denkt an seine Freundin (Daphne Hardy) und schreibt das komplette „Herbsttag"-Gedicht von Rilke nieder.

„In einer Septembernacht des Jahres 1940[256]

0.55 [Uhr] Erste Dose genommen. Vier Tabletten[257] – kenne die Dosis nicht, müssen wohl 1/2 Gramm Tabletten sein, da [sie] entsprechendes Aspirin-Format haben. Das Zeug stammt von Benjamin – ulkigerweise.

Nachher Papiere zerrissen, ein bisschen Ordnung im Zimmer gemacht. Will zweite Dose (26 Tabletten) erst nehmen wenn schon im Einschlafen bin, da mir gesagt wurde, dass Gefahr Erbrechens besteht. Wirkung soll in ca. 20 Minuten eintreten. Jetzt ist's –

1.13 – noch keinerlei Wirkung, außer ganz leichtem Herzklopfen, leicht (manischer) Erregungszustand, Neugier (was nachher kommt – war immer etwas mystisch veranlagt). Vor dem Schlucken sah mich zufällig im Spiegel und hatte Anfall von Panik. Jetzt nichts dergleichen; auch kein Selbstmitleid. [...]

1.20 – Keinerlei Wirkung. Auch Herzklopfen vergangen. Klingeln im rechten Ohr. Hört auf.

256 Koestlers Datierung im sogenannten „Suizid-Protokoll“ gibt „In einer Septembernacht des Jahres 1940“ an. Ich halte es für nicht sehr wahrscheinlich, dass Koestler da schon von Benjamins Tod unterrichtet gewesen sein könnte, auf den er im Protokoll Bezug nimmt. Auch angesichts der vagen Angabe vermute ich eine nachträgliche Datierung.
257 4 Tabletten

Komme mir beschwindelt vor, nehme in 5 Minuten weitere 4. Puls 80.

[...]

1.25 – Nahm weitere vier.[258] Musste dazu aufstehen, verfiel durch Aktion in Panik, welche anhält. Stark Herzklopfen, Angst. Wird langsam etwas besser, da [ich] ruhig sitze und schreibe. Rechter Arm zittert beim Schreiben, aber Hand unter Kontrolle. [...] Habe wohl Fehler gemacht, Pillen ungekaut geschluckt, daher dauert es wohl länger.

[...]

1.32 – Wo bleibt die Wirkung? Puls 80 ... [...] Verstehe nicht, warum immer noch keinerlei Wirkung, wage aber nicht gleich weitere Dosis zu nehmen, da Erbrechen fürchte; erst bis ich knapp am Einschlafen bin. [...]

1.42 – Also weitere 4 genommen.[259] Diesmal im Wasser aufgelöst und ohne Panik. Macht bisher 12 oder 6 Gramm; das müsste genügen, ein Pferd zum Schlafen zu bringen.

1.45 – Leichtes Besoffenheitsgefühl, d.h. Erregungszustand; recht angenehm [...] – Werde immer wacher. Das ist bös. Weiss nicht ob gleich weiterschlucken oder warten soll.

258 4 + 4 = 8 Tabletten
259 8 + 4 = 12 Tabletten

Überdosierung hindert Wirkung? Hol der Teufel, nehme weitere 8.

1.55 – Weitere 8 in Wasser geschluckt.[260] Macht 20. Jetzt ist es genau eine Stunde her, dass ich mich ohne nennenswerte Wirkung umbringe. [...] ich phantasiere nicht, bin völlig bei Sinnen. [...]

2.10 – Außer leichter Erregung und etwas Herzklopfen immer noch nichts. Jetzt fürchte ich, dass aus dem Ganzen vielleicht nichts wird – und was mir bisher Sicherheit gab, war doch das Bewusstsein dieses Mittels in meiner Tasche. Jetzt also schlucke ich den Rest und lege mich aufs Bett; [...]

2.15 – Schlucke den Rest – ist geschehen. Macht insgesamt 31 Tabletten.[261] Noch zum Abschied schreibe ich mir was Schönes auf – das lese ich mir dann im Bette ein paar Mal vor – das Herbstgedicht von Rilke: [...]

Sicherheitshalber könnte man sich ja noch die Pulsadern öffnen, aber das übersteigt jetzt meine Kraft.

2.27 – Ruhig, schön ruhig. Lege mich hin und – drolligerweise – weiß nicht ob ich morgen beim Aufwachen wirklich tot bin. Aber bei Benji hat es gewirkt – und er starb auch erst gegen morgens.

260 12 + 8 = 20 Tabletten

261 31 – 20 = 11 Tabletten, die letzte Einnahmedosis.

> Also Kopf hoch, wird schon schief gehen... Gute Nacht, alter Koestler."[262]

Koestler bricht und überlebt. Die mit den 31 Pillen verbliebene Dosis kann demnach doch kein Pferd mehr töten. Die Zahl 31 bestätigt indirekt die in „Scum of the Earth" ursprünglich angegebene Gesamtzahl der – dann mit Benjamin geteilten – 62 Tabletten, die sich in den späteren Versionen verwaschen hatte: Koestler nimmt 31 Stück ein, genau die Hälfte. Wenn dieses Protokoll authentisch ist und vom Schriftsteller Koestler nicht für eine literarische Arbeit herbeiphantasiert, so ist es aufschlussreich für Benjamins langes Sterben und die Bewertung seiner letzten Stunden. Koestler schluckt die Präparate innerhalb von unspezifischen Zeitintervallen, damit sie drinnenbleiben. Wie Benjamin hat er die Uhr im Blick,[263] schreibt dabei Protokoll – wie Benjamin den „Abschiedsbrief". Koestlers Mitschrift erstreckt sich von 0.55 Uhr bis 2.27 Uhr, anderthalb Stunden nur, bevor er sich schlafen legt. Dann erbricht er, womit sich die Zeit der Wirkung entscheidend abkürzt, anders als bei Benjamin, von dem zumindest nirgendwo berichtet wird, dass er sich erbrach. Insofern erscheinen auch die Handlungen des Arztes in Port-Bou in anderem Licht: Benjamin war nicht tot, wachte aber auch nicht mehr auf. Der „Aderlass" wirkt so weniger als ahnungsloser Kunstfehler denn als unterstützende Maßnahme für einen Todgeweihten. Die Situation vor Ort: ein bewusstloser Sterbender mit einer

262 Arthur Koestler: Suizid-Protokoll. In: Christian Buckard: „Habe ganz vergessen, warum ich mich eigentlich umbringe." Arthur Koestlers bislang unveröffentlichtes Suizid-Protokoll, Lissabon 1940. In: Freitag, 08. September 2006. Online verfügbar unter www.freitag.de/autoren/der-freitag/habe-ganz-vergessen-warum-ich-mich-eigentlich-umbringe [letzter Zugriff 02.09.2020].

263 Benjamin beobachtete die Uhr und rechnete, zwei Quellen erwähnen das: Birman: „Er lag halbnackt auf dem Bett und hatte seine wunderschöne große goldene Großvateruhr aufgeklappt neben sich auf einem kleinen Brett liegen und beobachtete ständig die Zeit." (Birman/Wizisla 2015 [1975/2006], S. 362; Birman/Foothold 2006 [1975], S. 5.) **Und Anonym: „Herr Professor Benjamin sagte nur die Worte: ‚Wieso lebe ich noch, ich müsste doch gestorben sein', fing dann an zu rechnen, und starb."** (Anonym/Wizisla 2015 [1940], S. 346.) **Erst das Koestler-Protokoll liefert dafür den Zusammenhang.**

Morphiumvergiftung, über dessen absichtliches Handeln es insofern keinen Zweifel gibt, als dass Benjamin seine Begleiterin Henny Gurland (und laut Zeugnis der Birman auch diese) davon – *nach* der Einnahme – unterrichtete. Das nächste größere Krankenhaus ist etwa 35 Kilometer entfernt in Figueras. "Benjamin apparently had a better stomach [...]", schreibt Koestler.[264] Doch Benjamin hatte keinen besseren Magen. Er hatte einen Arzt, der ihn entweder nach der ersten Diagnose „Sonnenstich" dann später, als das Morphium eingenommen war, falsch behandelte – oder ihm beim Sterben half.

Bernsteinzimmer der Philosophie

Als der Stadtrichter und sein Sekretär in der Nacht vom 26. auf den 27. September 1940 akribisch die Hinterlassenschaften des Verstorbenen protokollieren, ist keine der 31 Tabletten mehr dabei – Benjamin hat sie alle genommen.[265] Die Hosentaschen des Verstorbenen sind leer, auf dem Tisch steht seine Aktentasche. Sind Texte darin? Hannah Arendt schreibt am 17. Oktober 1941 an Gershom Scholem über Benjamins Aufbruch aus Paris: „Er hatte nichts bei sich als eine kleine Koffertasche mit zwei Hemden und Zahnbürste."[266] Das war im Juni 1940. In den nächsten Wochen kann er noch geschrieben haben. Teile seines Pariser Manuskriptarchivs erreichten ihn in Lourdes. Am 26. September 1940 jedenfalls hält der Untersuchungsbericht in Port-Bou nüchtern den Tascheninhalt fest:

264 Koestler/Writing 1969 [1954], S. 513.

265 Ingrid Scheurmann hat gemutmaßt, dass Benjamin „nicht alle 25 Tabletten eingenommen" habe (die von 31 abweichende Zahl geht auf die veränderte Tablettenmenge in der deutschen Ausgabe von Koestlers Buch „Abschaum der Erde" zurück), weil er sonst schneller gestorben wäre. Henny Gurland oder der Arzt hätten die verbliebenen Pillen eventuell entnommen, um den Suizid als solchen nicht erkennen zu lassen (vgl. I. Scheurmann/Neue Dok. 1992, S. 13). Zu dieser Annahme besteht besonders im Hinblick auf Koestlers „Suizid-Protokoll" kein Anlass mehr.

266 Arendt/Wizisla 2015 [1941], S. 325.

„Eine Taschenuhr, gebraucht, anscheinend aus Gold und mit zwei Deckeln auf der Rückseite und keinem auf dem Zifferblatt; auf der Oberseite des ersten Deckels stehen, eingraviert und ineinander verschlungen, die Buchstaben S.G.[267] [...]; der Uhr ist eine Kette, anscheinend aus Nickel und sehr abgenutzt, angeschlossen. Eine Banknote von FÜNFHUNDERT FRANCS [...] [Seriennummer]. Eine Banknote von FÜNFZIG DOLLAR [...] und eine weitere Banknote von ZWANZIG DOLLAR [...]. Ein Reisepaß Nr. 224, ausgestellt in Marseille vom AMERICAN FOREIGN Service am 20. August d.J. auf den Namen VValter Benjamin Dr., mit dem Visum des Spanischen Konsulats besagter Stadt vom 10. des laufenden Monats September [...].“[268]

Das Protokoll fährt fort:

„Eine Bescheinigung in Duplikat, ausgestellt vom INSTITUTE OF SOCIAL RESEARCH in New York. Sechs Paßbilder des Verstorbenen; eine in Paris am 17. Mai diesen Jahres ausgestellte Bescheinigung; eine Röntgenaufnahme und die dazugehörige ärztliche Bescheinigung. Eine Tabakspfeife mit Spitze, vermutlich aus Bernstein (Ambra), mit ihrem Etui, beide abgenutzt; eine Brille mit Nickelfassung und Etui, abgenutzt, und einige Briefe und Zeitungen.“[269]

267 Sein Großvater, der Vater seiner Mutter Pauline, hieß Georg Schönflies. Vielleicht sind es dessen Initialen.

268 Dokument Nr. 2 in I. Scheurmann 1992, Neue Dok., S. 37 f.

269 Ebd., S. 38.

Weil er vermutlich schon in den Händen der Kirchenvertreter liegt, findet der Brief an die Dominikaner, der zu Benjamins katholischen Beisetzung führt, hier keine explizite Erwähnung mehr. Max Horkheimer wird von der Grenzpolizei 1940 mit dem Datum vom 30. Oktober mitgeteilt:

> „[Das Gepäck] bestand aus einer ledernen Aktentasche, wie sie Geschäftsleute benutzen, einer Herrenuhr, einer Pfeife, sechs Photographien, einem Roentgenbild, einer Brille [Kneifer?], verschiedenen Briefen, Zeitschriften und einigen wenigen anderen Papieren, deren Inhalt nicht bekannt ist, sowie auch etwas Geld, von dem nach Abzug der entstandenen Kosten jetzt 273 Peseten übrig sind.“[270]

Die Sachen werden am 5. Oktober 1940 sämtlich dem Untersuchungsgericht von Figueras übergeben, „zur Verfügung der etwaigen Erben“.[271] Der Leichnam ist schon angekleidet, die Hosentaschen leer, die Aktentasche gepackt, das Geld gezählt: Nicht nur Henny Gurland und das Protokoll, auch Grete Freund kennt die Summe. Das Protokoll verzeichnet jede Gravur auf der Uhr, die Seriennummern der Geldscheine, die Menge der beiliegenden Passbilder; es fehlt die Zahnbürste – wie jeder andere Hygieneartikel. Raum und Leiche sind „hergerichtet“.

270 Antonio Sols an Max Horkheimer, bei Tiedemann 1983, S. 1198; auf Spanisch S. 1197. Die Einfügung „[Kneifer?]" ist im Abdruck bei Tiedemann in der Übersetzung enthalten.
271 In demselben Brief, ebd., S. 1198 (im spanischen Original heißt es einfach „a disposición de sus herederos", ebd., S. 1197). In I. Scheurmann/Neue Dok. 1992, S. 42 f. ist als Dokument Nr. 3 die Reproduktion der Übergabequittung abgedruckt, sowie die Abschrift und Übersetzung, datiert auf den 5. Oktober 1940.

Das fehlende Manuskript erzeugte ein Vakuum. Das Vakuum einen Sog. Der Aktentaschenfall brachte einen topologischen Aktivismus in Gang, einen Aufbruch vom Schreibtisch in die Berge. Rolf Tiedemann, 1980 von Gershom Scholem über das Telefonat mit Lisa Fittko informiert, entsann sich des Briefes der Grenzbeamten an Max Horkheimer, der ihm in dessen Nachlass einst in die Hände fiel: „y algunos pocos papeles".[272] „Einige wenige andere Papiere?" Tiedemann, der kurz davor war, die Edition des „Passagen-Werks" abzuschließen, brach am 16. Juni 1980 „unverzüglich" nach Figueras auf.[273] Am folgenden Tag wurde er dort zusammen mit Maria Luisa Lopez-Vito als Dolmetscherin auf dem Juzgado de Instrucción vorstellig,[274] wohin die Tasche mit den Unterlagen am 5. Oktober 1940 gebracht worden war.[275] Sie kamen zu spät. Vom Leiter des Gerichtsarchivs erfuhren sie, dass fünf Jahre zuvor, also etwa 1975, das Gericht in ein neues Gebäude umgezogen sei. Von Wasser und Ratten beschädigte Asservate und Akten seien hierbei auf den Müll geworfen worden.[276] Im Archivkeller des jetzigen Gerichtsgebäudes fand sich nichts mehr.[277]

Die Hoffnung Tiedemanns, dass die Papiere womöglich aus der Tasche separiert und in einer Akte abgeheftet wurden, bestätigte sich insofern nicht, als dass man unter B für 1940 und 1941 keine entsprechende Akte fand. Man prüfte sowohl in der Abteilung für Kriminalfälle als auch in der Zivilabteilung, nachdem der Mitarbeiter von einem Nachlass ohne Testament erfuhr.[278] Der Mitarbeiter

272 Sols 1983 [1940] bei Tiedemann 1983, S. 1197 f.

273 Vgl. Tiedemann 1983, S. 1199.

274 Vgl. ebd.

275 Vgl. Dokument Nr. 3 bei Scheurmann/Neue Dok. 1992, S. 42 f. sowie Sols 1983 [1940], S. 1197 f.

276 Vgl. Tiedemann 1983, S. 1200.

277 Vgl. ebd., S. 1200 f.

278 Vgl. ebd., S. 1200.

wies darauf hin, dass sich – da das (1980 nicht mehr existierende) Stadtgericht Port-Bou die Akte überstellt hatte – dort auch ein Exemplar befinden müsse. Auch dort wurde der Akte erfolglos nachgegangen.

Die Suche in der Registratur der Zivilakten in Figueras wurde von der Mittagsruhe unterbrochen. Bei Tiedemanns Rückkehr ins Archiv hatte der Mitarbeiter das Register schon erfolglos durchgesehen. Zudem fehlten etwa zehn Akten aus 1940. „Eine dieser fehlenden Akten – mit der Nummer 249 – könnte zeitlich B[enjamin]. betroffen haben."[279] Tiedemann und seine Begleiterin fuhren tags darauf nach Port-Bou und sprachen im Rathaus vor. Auch hier wurde – kurz und ergebnislos – nach der Akte geschaut. Tiedemanns Einschätzung nach wurde ihnen nichts vorenthalten. Er glaubte aber auch nicht, „daß in Port-Bou bereits alle Möglichkeiten der Suche ausgeschöpft sind."[280]

Waren sie nicht. Aller erfolglosen Suchen zum Trotz fand sich zwölf Jahre später in den ehemaligen Räumen des Gemeindearchivs Port-Bou die originale Akte mit dem Untersuchungsbericht und zahlreichen Quittungen.[281] Die Altbestände des Archivs waren in den 1960er-Jahren beim Umzug der Gemeindeverwaltung in ein neues Gebäude im alten Rat- und Schulhaus zurückgeblieben und bei den bisherigen Suchen nicht berücksichtigt worden.[282] Die neuen Dokumente wurden 1992 von Ingrid Scheurmann herausgegeben.

Nun erst ging den Beteiligten ein Licht über die vertauschten Vor- und Zunamen von Walter

279 Ebd., S. 1201. In dem Brief an Horkheimer vom 30. Oktober 1940 (Sols 1983 [1940] bei Tiedemann 1983, S. 1197 f.) zitiert Antonio Sols i. A. des Grenzkommissariats in Figueras offensichtlich aus dieser Akte. Wenn sie von dort nicht wieder ans Gericht zurückgegangen ist, wurde sie damals möglicherweise im Grenzkommissariat archiviert.
280 Tiedemann 1983, S. 1201.
281 Das geschah im Zuge der vom Arbeitskreis selbständiger Kultur-Institute e.V. in Portbou organisierten Ausstellung „Traspasos de Fronteras. Walter Benjamin – Vida y Obra" (Grenzüberschreitungen. Walter Benjamin – Leben und Werk). Vgl. I. Scheurmann/Neue Dok. 1992, S. 7 f.
282 Vgl. ebd.

Benjamin zu Benjamin Walter auf. Tiedemann hatte aus dem Telefonat des Gerichtsmitarbeiters mit einem Rathausmitarbeiter in Port-Bou herausgehört, dass man von „Sr. Walter" sprach,[283] was ihm also aufgefallen ist, ohne dass er daraus entsprechende Schlüsse zog. Es ist anzunehmen, dass die Aktenregistraturlisten in Figueras seinerzeit nach Dr. Benjamin, nicht aber nach Dr. Walter durchforstet worden sind. Das wurde 1992 nachgeholt. „Die im September 1992 mit dem Wissen um die Namensverwechslung vorgenommenen erneuten Nachforschungen in den Beständen des Gerichts, die 1989 an das ‚Arxiu Històric de Girona' (Historische Archiv der Provinz Gerona) übergeben worden sind", schreibt Ingrid Scheurmann, „erbrachten ebenfalls kein Ergebnis."[284] Dem Arbeitskreis selbständiger Kultur-Institute e.V. wurde zudem vom Gerichtsarchiv in Figueras schriftlich bestätigt, dass anlässlich des Umzuges dieser Bestände ins Historische Archiv explizite Nachforschungen zu evtl. Benjamin betreffenden Dokumenten erfolgt und abermals ergebnislos geblieben sind.[285]

Der Untersuchungsbericht des Stadtrichters protokollierte 1940: „Walter Benjamin Dr."[286] und vergaß ein Komma. Im Totenschein steht: „Walter Dr. [neue Zeile] Benjamin".[287] Im Kirchenregister tauchte das Komma an der falschen Stelle wieder auf: „Walter [Komma], Benjamin".[288] Der Doktortitel stiftete Verwirrung. Die Aktentasche wurde unauffindbar durch diesen Namenstausch. Mit dem

283 Tiedemann 1983, S. 1200.
284 I. Scheurmann/Neue Dok. 1992, S. 10.
285 Vgl. ebd.
286 Dokument Nr. 2 in I. Scheurmann/Neue Dok. 1992, S. 30, 34, 38.
287 Reproduktion bei Puttnies/Smith 1991, S. 31.
288 Sterberegister III der Kirchengemeinde Santa Maria de Port-Bou, Reproduktion bei Cussó-Ferrer 1992 in I. & K. Scheurmann/Für WB 1992, S. 161.

Komma in „Walter Benjamin[,] Dr." wurde sie – mit oder ohne Manuskript – gleichsam aus der Geschichte gelöscht. Man kann sich damit trösten, dass im Gerichtsarchiv von Figueras vor 1980 wohl ohnehin weder unter B noch W gesucht worden ist.[289]

Unter der brennenden Pyrenäensonne gedanklich kurze Inventur: Was hätte ich denn dabei, wenn ich jetzt hier übernachten müsste? Wasser, Strickjacke, sogar etwas zu essen, könnte gehen. Ich rage aus Gestrüpp; vor mir, hinter mir, nichts, was auf irgendeinen Weg hindeutete, für Schatten müsste ich mich hinlegen, und das vermaledeite Telefon zeigt an, dass ich mitten auf ihm stehe, diesem Weg. Einerseits: Ohne diese Wanderhilfe hätte ich mich schon vor Stunden hoffnungslos verlaufen. Andererseits: Lange macht der Akku das nicht mehr mit. Vielleicht hätte ich längst aufgegeben und mich nicht so tief ins Unbekannte locken lassen. Denn der versprochene Wanderweg, der sich in den Feuilletons so las, als könnte jeder Greis ihn laufen, ist über Strecken völlig unsichtbar. Nah am Abgrund, halb im Bau, halb zugewachsen, auch mal abgesperrt und über alle Maßen einsam. Warum sollte man das auch. Fluchtrouten wie in Sänften durchwandern können. Verdammte Pilgerei.

Ssst, ich taumle in ein Dornengestrüpp und reiße mir den Ärmel auf. Wie einer dieser Hippies, die in Sandalen den Himalaya besteigen. Da hinten hatte ich einen Rückweg gesehen, hin zur Grenze, der mir die Hunde hoffentlich erspart. Ich kehre um.

289 Bis zur Entdeckung der Untersuchungsakte des Stadtrichters 1992 im Zusammenhang mit dem Aufbau des Karavanschen Denkmals wurde der Namensdrehung keine Bedeutung beigemessen. Schon in dem Brief der Grenzpolizei an Horkheimer vom 30. Oktober 1940 sind der Vor- und der Nachname vertauscht, ebenso wie auf dem Totenschein, der seit etwa 1972 (Entdeckung) bzw. 1975 (Zeitungsartikel in Spanien) bzw. 1979 (Zeitungsartikel in Deutschland) bekannt ist (siehe Anmerkung 45 hier in diesem Text). Eine größere Aufmerksamkeit für dieses Detail hätte vielleicht die Bergung der Aktentasche aus den Asservaten in Figueras bis in die 1970er-Jahre hinein möglich gemacht – sofern vor 1980 jemand danach gesucht hätte jedenfalls.

Schweres Gepäck. Ein Manuskriptkoffer in Anna Seghers' Roman „Transit"

Mit der Marseiller Begegnung zwischen Benjamin und Koestler in dessen autobiografischen Büchern erfährt das Motiv von Benjamins Tod eine Art Übergang von einem authentischen Bericht in die Literatur. Der Gestus des autobiografischen Berichts – eine Form, die ohnehin den Unsicherheiten und Interessen des oder der jeweils Schreibenden radikal unterworfen ist – bekommt bei Koestler durch die sich widersprechenden Details eine zusätzliche Unschärfe. Zu Literatur gemacht wird Benjamins Tod bereits mit den ersten Nachrufen, angefangen mit Günther Anders' Gedicht „Das Vermächtnis", das neben dem Nachruf Adornos auf Benjamin in der Exilzeitung „Aufbau" erschien,[290] über die Gedichte Bertolt Brechts zum Tod seines Freundes bis heute in immer trivialer werdenden literarischen Bearbeitungen.

Ein schwergewichtiges Stück Literatur ist Anna Seghers' in diesem Zusammenhang vielzitierter Roman „Transit", entstanden zu Beginn der 1940er-Jahre, nachdem Seghers' Ausreise nach Mexiko geglückt war. Er liefert ein Stenogramm zur Lage der Flüchtenden in Marseille. Über eine der dort gestrandeten Figuren heißt es: „Er hatte schon einmal einen Kontrakt besessen, auf den Kontrakt ein Visum, auf das Visum das Transit. Die Gewährung des Visa de Sortie habe aber so lange gedauert, daß ihm inzwischen das Transit erloschen sei, darauf das Visum, darauf der Kontrakt."[291]

290 Theodor W. Adorno: Zu Benjamins Gedächtnis. In: Aufbau, 18. Oktober 1940, S. 7. Und: Günther Anders: Das Vermächtnis. Ebd. Zu „Walter Benjamin in der Literatur" vgl. allgemein Fetscher 2006.
291 Seghers 1970 [1948], S. 43.

Für Benjamin: das Affidavit des Instituts für Sozialforschung (das seitens des Instituts hinsichtlich Benjamin nicht von Ungültigwerden bedroht war), auf das Affidavit das Visum der USA, auf das Visum der USA die Transits durch Spanien und Portugal. Was fehlte, war das Visa de Sortie: die Ausreiseerlaubnis aus Frankreich, aber das zu bekommen, schrieb Hannah Arendt in dem Brief vom 17. Oktober 1941 an Gershom Scholem, „war damals vollkommen aussichtslos."

Seghers, die mit ihren beiden Kindern 1940 und 1941 in Marseille den Tanz um die Papiere am eigenen Leib erfuhr, während ihr Mann noch in einem französischen Lager interniert war, konnte im März 1941 ausreisen. Deren Hauptfigur erwähnt in „Transit" den Freitod eines Schriftstellers in Port-Bou:

> „Ich setzte mich in die Glasveranda des Café Rotonde, dem Belsunce gegenüber. Mein leerer Kopf nahm willenlos ein Gespräch auf, das am Nachbartisch geführt wurde. In einem Hotel in Portbou jenseits der spanischen Grenze hatte sich in der Nacht ein Mann erschossen, weil ihn die Behörde am nächsten Morgen nach Frankreich hatte zurückschaffen wollen. Die beiden ältlichen, kränklichen Frauen – die eine hatte zwei kleine Knaben bei sich, vielleicht ihre Enkel, die aufmerksam zuhörten – ergänzten wechselweise diesen Bericht mit lebhaft klingenden Stimmen. Der Vorgang war ihnen

> weit klarer als mir, weit einleuchtender. Was hatte denn dieser Mann für unermeßliche Hoffnungen an sein Reiseziel geknüpft, daß ihm die Rückfahrt unerträglich dünkte? Höllisch, unbewohnbar mußte ihm das Land erschienen sein, in dem wir alle noch stecken, in das man ihn zwingen wollte zurückzukehren. Man hört ja wohl von solchen erzählen, die den Tod der Unfreiheit vorzogen. Doch war denn der Mann jetzt frei? – Ja, wenn es so wäre! Ein einziger Schuß, ein einziger Schlag gegen diese dünne schmale Tür über deinen Brauen, und du wärst für immer daheim und willkommen."[292]

Seghers' Roman, der 1948 auf Deutsch erschien, dreht sich um einen in Marseille um 1940 gestrandeten Erzähler, dem beiläufig und ohne rechte Absicht gelingt, woran Tausende andere Flüchtende scheitern: die nötigen Papiere zusammenzutragen, die eine Ausreise aus dem von den Nazis besiegten Frankreich ermöglichen. Der wahre Name des Erzählers bleibt ungenannt, aufgrund eines zurückgelassenen „Flüchtlingsscheins" erlangt er den Namen Seidler. Die Stadt ist voller Emigrant:innen. Sie müssen Einreisevisen für andere Länder besorgen, mit denen sie Transitvisen für Spanien und Portugal beantragen können. Für die sind wiederum Reisetickets für Schiffe nötig, von denen immer weniger auslaufen. Beinahe unmöglich ist es, alle Papiere beisammenzuhaben, bevor nicht ein anderes wieder verfallen ist. Seghers' Erzähler

292 Ebd., S. 187.

gerät in diesen Strudel, ohne klar zu begreifen, wie gefährdet auch er selbst ist. Durch eine Verwechslung nimmt er anfangs unbeabsichtigt die Identität des toten Schriftstellers Weidel an. Noch in Paris sollte er diesem Weidel einen Brief überbringen. Beim Eintreffen an dessen Wohnung erfährt er, dass Weidel sich umgebracht hat. Er nimmt dessen Koffer und Unterlagen an sich, um sie der mexikanischen Botschaft auszuhändigen. Ohne es zu ahnen, begegnet er in Marseille Weidels Frau, die von diesem getrennt ist und von dessen Tod nichts weiß. Vielmehr ist sie auf der Suche nach ihm – immerhin scheint er ja wie sie in Marseille von Konsulat zu Konsulat zu laufen, in den Anmeldeschlangen zu stehen, in den Cafés zu sitzen – immer knapp an ihr vorbei.

Während der am Nebentisch besprochene Tod des Schriftstellers in Port-Bou durch eine Schusswaffe erfolgt, spielt in „Transit" der Vergiftungstod des Schriftstellers Weidel eine wichtigere Rolle. Für das Folgende wird oft der Arzt und Autor Ernst Weiß als Vorbild angesehen, der sich beim Einmarsch der deutschen Truppen in Paris das Leben nahm. In der Exilzeitung „Aufbau" steht 1940 die Nachricht seines Todes auf derselben Seite wie der Nachruf von Adorno auf Benjamin und Günther Anders' Gedicht „Das Vermächtnis".[293] Anna Seghers erkundigte sich seinerzeit in einem Pariser Hotel nach ihrem Bekannten Weiß und erfuhr so von dessen Selbsttötung wie ihre Hauptfigur im Roman vom Schriftsteller Weidel. Auch von Weiß kam

293 V. W.: Ernst Weiss tot. In: Aufbau, 18. Oktober 1940, S. 7.

angeblich ein Manuskriptkoffer abhanden. Im Wissen um alles hier Geschilderte in Bezug auf Walter Benjamin gibt es Stoff zum Grübeln.
Der Erzähler erhielt den Auftrag, dem Dichter Weidel einen Brief zu überbringen. Im Pariser Hotel in der Rue de Vaugirard sagt die Patronin, dass Weidel sein Domizil gewechselt habe. Zögernd gibt sie dann Auskunft:

> „‚Sie können sich gar nicht vorstellen, was dieser Mensch mir für Unannehmlichkeiten bereitet hat. Er kam am 15. gegen Abend, als die Deutschen schon einzogen. [...] Herr Weidel kommt also an und zittert. Ich finde es komisch, wenn einer vor seinen eigenen Landsleuten zittert. Ich war aber froh über einen Mieter. [...] Doch als ich ihm meinen Anmeldezettel bringe, da bat er mich, ihn nicht anzumelden. [...]'“[294]

> „‚[...] 'Nur diese eine Nacht', sagte ich. Er zahlte im voraus. Am nächsten Morgen kommt mir der Mann nicht herunter. Ich will es kurz machen. Ich öffne mit meinem Nachschlüssel. Ich öffne auch den Riegel. [...]'“[295]

> „‚Der Mensch liegt angekleidet auf seinem Bett, ein Glasröhrchen leer auf dem Nachttisch. Wenn das Röhrchen vorher voll war, dann hat er eine Portion im Bauch gehabt, mit der man alle Katzen unseres Quartiers hätte umbringen

294 Seghers 1970 [1948], S. 21.
295 Ebd.

> können. Nun hab ich ja zum Glück einen guten Bekannten bei der Polizei Saint-Sulpice. Der hat mir die Sache ins reine gebracht. Wir haben ihn vordatiert angemeldet, den Herrn Weidel. Dann haben wir ihn sterben lassen. Dann wurde er beerdigt.'"[296]

Die in diese Handlung einfließenden Parallelen zwischen der fiktiven Romanfigur Weidel sowie Weiß und Benjamin führen vor, wie exemplarisch vermeintlich außergewöhnliche Einzelschicksale wie diese geworden waren. Die Parallelen setzen sich fort im Motiv eines mitgeführten Manuskripts. Die Hotelpatronin berichtet dem Erzähler:

> „,Sie müssen nicht glauben, daß darum die Unannehmlichkeiten für mich zu Ende sind. . Dieser Mensch bringt es wirklich fertig, einem bis über das Grab hinaus Unannehmlichkeiten zu bereiten.'" [...] „,Er hat einen Handkoffer hinterlassen – was soll ich nur mit dem Handkoffer tun? Er stand hier im Büro, als die Sache passierte. Ich vergaß ihn. Jetzt will ich doch nicht bei der Polizei noch einmal alles aufwärmen.' – ,Na, schmeißen Sie ihn doch in die Seine', sagte ich, ,oder verbrennen Sie ihn in Ihrer Zentralheizung.' – ,Das ist unmöglich', sagte die Frau, ,ich würde das nie riskieren.' – ,Na, hören Sie mal, Sie haben sich schließlich die Leiche vom Hals geschafft, da werden Sie doch mit dem Handkoffer fertig werden.' – ,Das

296 Ebd., S. 22.

> ist etwas ganz anderes. Der Mann ist jetzt tot. Das steht amtlich fest. Der Handkoffer aber, das weiß ich, ist ein juristischer Gegenstand, der ist ein Sachwert, der kann geerbt werden, es können Anwärter kommen.'"[297]

Der Erzähler nimmt das letzte Gepäck Weidels an sich, öffnet den Koffer und findet das Manuskript:

> „Aus lauter Langeweile brach ich an diesem Abend den Handkoffer auf. Er enthielt nichts als Papier. Aus lauter Langeweile fing ich zu lesen an. Ich las und las. Vielleicht, weil ich bisher noch nie ein Buch zu Ende gelesen hatte. Ich war verzaubert. [...] Und plötzlich, so in den dreihundert Seiten, brach alles für mich ab. Ich erfuhr den Ausgang nie. Die Deutschen waren nach Paris gekommen, der Mann hatte alles zusammengepackt, seine paar Klamotten, sein Schreibpapier. Und mich vor dem letzten fast leeren Bogen allein gelassen. [...] Er hätte seine Geschichte zu Ende schreiben sollen."[298]

> „Ich hatte also jetzt nichts mehr zu lesen, der Tote stand meinethalben nicht auf, seine Geschichte war unfertig und ich allein und verkommen in meinem Loch mit dem Handkoffer. Ich stöberte darin herum. Ich fand ein Paar neue seidene Socken, ein paar Taschentücher, ein Kuvert mit ausländischen Brief-

297 Ebd.
298 Ebd., S. 24 f.

> marken. Der Tote hatte offenbar diesen Tick gehabt. Nun, mag er ihn gehabt haben.
> Ein kleines, feines Etui mit Nagelfeilen, ein Lehrbuch der spanischen Sprache, ein leeres Parfümfläschchen, ich drehte es auf und schnupperte – nichts. Der Tote war wohl ein Kauz gewesen, er hatte ausgekauzt. Dann gab es auch noch zwei Briefe."[299]

Der Koffer zieht sich noch weiter als Nebenmotiv durch das Buch. Der Erzähler hätte „lieber ein Kind ertränkt!", als den Koffer in die Seine geworfen.[300] „Ich schleifte den Handkoffer aus der Metro Place d'Alma nach der Rue Longuin."[301] „Ich träumte, ich hätte den Handkoffer stehenlassen. [...] Da stand der Handkoffer auf einem Laufsteg, die Flieger stießen en pique herunter, ich rannte noch einmal zurück in Todesangst."[302] Am Ende lässt er Koffer und alle Papiere, die er nicht für seine Ausreise verwendet hat, obwohl er hätte können, an das Mexikanische Konsulat überbringen, mit den Worten:

> „‚Herr Weidel hat mich beauftragt, Ihnen sein Visum zuzustellen, desgleichen sein Transit, sein Visa de Sortie, sowie die Summe, die er zur Reise entliehen hatte. Ich habe gleichzeitig die Ehre, Ihnen sein Manuskript zu schicken, mit der Bitte, es seinen Freunden zu geben, die es sicher bewahren werden. Es ist nicht fertig geworden aus demselben Grund, aus dem Weidel verhindert war, abzufahren.'"[303]

299 Ebd., S. 26.
300 Ebd., S. 27.
301 Ebd., S. 29.
302 Ebd., S. 48.
303 Ebd., S. 264 f.

So, wie Seghers und ihr Erzähler die Tode schildern: „Ich dachte an meinen armen Toten, in Hast bestattet, an seine klägliche Hinterlassenschaft“[304] – sind es exemplarische Tode, wie sie zu Tausenden in dieser Zeit gestorben wurden. Und doch: „Ich dachte an das Bündelchen Papiere auf dem Boden des Handkoffers, an jenes vertrackte Märchen, das mich, wie lang war das alles her, an einem traurigen Abend benommen hatte.“[305] Zur Unschärfe kommt die Unheimlichkeit, die entweder darin besteht, wie nah die Erzählung Seghers' einem erst heute rekonstruierbaren Geschehen um Benjamins Lebensende kommt, inklusive eines Gepäckstücks mit einem Manuskript, von dem die Autorin in den 1940er-Jahren nicht viel wissen konnte. Oder darin, wie allgemein die Erfahrung war, wie romanhaft und unspezifisch ein Sterben wie das Benjamins und Weiß', so dass es ein modellhafter literarischer Topos werden konnte.

Letzte Lücken

Aus den bis jetzt bekannten Zeugnissen und Dokumenten ließ sich eine Chronologie rekonstruieren. Leicht ausgefranste Ränder – ungenaue Uhrzeiten, kleine Details, die sich in Jahrzehnte später aufgezeichneten Erinnerungen verändern – lassen das Bild etwas verschwimmen, ohne dessen Inhalt unkenntlich zu machen. Die verbleibenden Unstimmigkeiten in der etwaigen Abfolge der Geschehnisse:

304 Ebd., S. 127.
305 Ebd.

1. Lisa Fittkos Datierung der Begegnung mit Benjamin in Port-Vendres auf den 25. September 1940 muss auf den 24. September korrigiert werden. Fittko startete zur eigentlichen Grenzüberquerung tatsächlich erst am 25. September. Tags zuvor, bereits am 24. September, ging sie mit den Gurlands und mit Benjamin auf eine Erkundungstour. Benjamin blieb über Nacht in den Bergen zurück und schloss sich am nächsten Tag der Gruppe wieder an. Da Fittko die Ereignisse erst 40 Jahre später aufzeichnete, relativiert sie selbst die Präzision ihrer Erinnerungen in ihrem Buch: „[…] ich erinnere mich noch genau daran, mit allen Einzelheiten. Oder könnte es sein, dass ich mir das nur einbilde?“[306] Etwas ausführlicher hatte sie die Wandelbarkeit persönlicher Erinnerungen am Anfang ihres Beitrages im Merkur reflektiert:

> „Ich erinnere mich genau an alles, was damals geschah; ich glaube es jedenfalls. Mit anderen Worten, ich erinnere mich an die Tatsachen. Kann ich aber jene Tage noch einmal durchleben? Kann ich zu jener Vergangenheit zurückkehren, als uns noch nicht einmal Zeit blieb für einen Gedanken an ein normales Leben, zu jenen Tagen, als wir uns dem Chaos anpaßten und ums Überleben kämpften? Der zeitliche Abstand von vierzig Jahren hat, wie viele glauben, die Ereignisse für uns in eine bestimmte Perspektive gerückt. Ich glaube allerdings, daß diese Perspektive nur

306 Fittko/Pyrenäen 2015 (1985), S. 139.

> anscheinend eine bessere Einsicht darstellt und leicht zu einer Sicht im nachhinein, zu einer Umformung des Geschehenen wird ... Wie werden sich meine Erinnerungen gegen diese Gefahr behaupten? Und wo soll ich beginnen?"[307]

2. Davon ist auch die Frage berührt, ob Lisa Fittko die Birman-Gruppe in den Bergen noch getroffen hat oder ob die Begegnung der Gruppen erst nach Fittkos Umkehr geschah. Weder Carina Birmans noch Grete Freunds Erinnerungen berichten von Fittko. Fittkos eigene Erinnerung, die nur in früheren Textversionen auf eine Begegnung hinweist, scheint maßgeblich von späteren Informationen, vermittelt über Scholem, beeinflusst worden zu sein.[308] Birman erwähnt aber durchaus andere Flüchtlingsgruppen zu Beginn der „Wanderung", mit denen aber kein Austausch stattfand.

3. Ein Großteil der Zweifel hinsichtlich Benjamins letzter Stunden beruhte auf der Unwahrscheinlichkeit, dass er über einen so langen Zeitraum von 24 Stunden hinweg gestorben sein soll. Darauf wirft Arthur Koestlers „Suizid-Protokoll" ein neues Licht. Aus ihm ist abzulesen, dass die Morphiumdosen gestaffelt eingenommen wurden, um sie nicht zu erbrechen. Ebenfalls offenbart sich darin, dass die Dosis insgesamt zu gering war, um schnell zum Tod zu führen. Das Protokoll zeigt auch, dass man sich bewusst artikulieren konnte, kurze Texte schreiben

307 Fittko/Merkur 1982, S. 37 f.

308 Siehe Anmerkung 99 hier in diesem Text.

usw. Damit werden indirekt viele zuvor angezweifelte Angaben mehrerer Personen über den zeitlichen Verlauf von Benjamins Sterbeprozess bestätigt. Die im Totenschein angegebene Uhrzeit von 22.00 Uhr muss nicht die genaue Sterbezeit, sondern kann auch lediglich den Moment der endgültigen Todesfeststellung durch den Arzt angeben.[309] Benjamin lag wahrscheinlich seit dem Vormittag des 26. Septembers im Koma, der genaue Sterbezeitpunkt ist letztlich nicht zu ermitteln.

4. Bestehen bleibt der bürokratische Widerspruch zwischen einem amtlich beurkundeten natürlichen Tod und der von seinen Begleiter:innen bezeugten Selbsttötung Benjamins. Zwischen Benjamin, Gurland und den lokalen behördlichen Autoritäten herrschte in Port-Bou Einigkeit darüber, den Suizid zu verschleiern; bei den Flüchtenden, solange sie nicht in Sicherheit waren. Eine bekannt werdende Selbsttötung hätte weitere polizeiliche Ermittlungen erzwungen,[310] die katholische Bestattung verhindert, die mögliche Weiterreise verzögert. Insofern die Quellen nahelegen, dass es Bestechung gab, hatten die beteiligten Beamten wenig Interesse an weitergehenden amtlichen Nachforschungen. Schließlich bat auch Benjamin darum, „die Sache als Krankheit darzustellen“[311] – was jedoch nur aus dem Zeugnis Gurlands bekannt ist.

5. In dem Zusammenhang ist auch die Rolle des Arztes zu betrachten. Entweder er hat nach einem

309 Dass, wie in David Mauas' Dokumentarfilm „Who killed Walter Benjamin..." von einer Zeitzeugin berichtet, der Arzt Ramón Vila Moreno an Donnerstagen tagsüber außerhalb von Port-Bou weilte, wäre eine Erklärung für die späte Beurkundung, die der Arzt dann erst nach seiner Rückkehr vorgenommen hätte.

310 Vgl. I. Scheurmann/Neue Dok. 1992, S. 13.

311 Gurland/Scholem 2016 [1940/1975], S. 280.

ersten Besuch, als Benjamin das Morphium noch nicht eingenommen hatte und die Diagnose „Sonnenstich“ und „Bronchialkatarrh“ lautete,[312] die veränderte Sachlage nach der Morphiumeinnahme nicht erkannt und falsch behandelt. Oder er hat dem schon Todgeweihten Sterbehilfe geleistet.

6. Der Begräbnistag wird von Pfarrer Andrés Freixa im Sterberegister Nr. III der Pfarrei Santa Maria von Port-Bou unter der Nummer 16 auf den dem Sterbetag 26. September folgenden Tag angegeben, also den 27. September (ohne den 27. als Datum explizit zu nennen). Im amtlichen Grabnischenbelegungsregister sowie auf der Rechnung für die kirchlichen Dienste und die Grabmiete trägt der Pfarrer jedoch den 28. September für die Beerdigung ein.

7. Die Quellen, die den Hotelbesitzer Juan Suñer Jonama betreffen, rücken seine Aussagen insgesamt in trübes Licht. Dem Gericht gegenüber gibt er am 26. September an, dass Benjamin schon mehrere Tage zuvor angekommen sei. Seine Hotelrechnung hingegen stellt die Tage vom 26. bis einschließlich 30. September in Rechnung, obwohl Benjamin tatsächlich am 25. abends ankam. Dieselbe Rechnung, die auf den 1. Oktober 1940 datiert ist, ist überschrieben mit: „Der heute verstorbene Benjamin Walter“,[313] was wohl die Abrechnung bis 30. September rechtfertigen soll. Birmans Bericht über seine Bestechung kennzeichnen

312 Vgl. Sols 1983 [1940] bei Tiedemann 1983, S. 1197 f.
313 Dokument Nr. 5 in I. Scheurmann/Neue Dok. 1992, S. 46 ff.

Suñers Aussagen als interessengeleitet und daher im Detail wenig glaubwürdig. In dem Zeitungsartikel von Carles S. Costa, der 1979 mit dem ehemaligen Hotelbetreiber sprach und diesen zitiert, trägt die Person einen anderen zweiten Nachnamen, die Schreibung des Vornamens ist hier Katalanisch: Joan Suñer Planas.[314]

8. Es sei an dieser Stelle angeführt, dass Grete Freund in ihrem Brief, dessen Abschrift sich in Adornos Nachlass fand, nicht nur die genaue Dollarsumme in Benjamins hinterlassener Barschaft kannte und wusste, wofür sie verwendet wurde. Sie wusste auch, dass Benjamin – nachdem er etwa 24 Stunden nach der gemeinsamen Ankunft verstorben sei – „am darauffolgenden Tag gegen drei Uhr nachmittags"[315] beerdigt wurde. Das korreliert zeitlich mit der Eintragung ins Totenbuch, die am 27. September 1940 um 14.15 Uhr erfolgte. Zu diesem Zeitpunkt waren Freund und die drei anderen Frauen schon abgereist. Grete Freund konnte das also nur wissen, wenn sie die Informationen später, z.B. in Lissabon, von Henny Gurland noch erhalten hätte (wofür es keine Hinweise gibt), oder wenn all dies schon vor ihrer Abreise feststand und bekannt war. Auch eine Informationsübermittlung durch Dritte wäre möglich, etwa über den heute unbekannten Verfasser des anonymen Typoskripts vom 3. Oktober 1940, der in Lissabon mit zwei der Begleiterinnen Benjamins sprach.

314 Vgl. Costa 1990 [1979], S. 350 f.
315 Gr. Freund/Wizisla 2015 [1940], S. 350.

9. Neben der Kuriosität von Walter Benjamins Namenstausch zu Benjamin Walter und dessen katholischem Begräbnis verbleiben Unsicherheiten hinsichtlich einiger Uhrzeitangaben, die zum Großteil auf Schätzungen beruhen sowie eventuell auf einen Zeitunterschied zwischen Frankreich und Spanien zurückgehen könnten. Grete Freund schrieb am 30. September 1940 an Hermann Kesten über die Geschehnisse und verlegte sie auf Montag, Dienstag und Mittwoch, obwohl sie eigentlich am Mittwoch, Donnerstag und Freitag stattfanden.[316] Bis auf die Datumsangabe bei Fittko werden in den Quellen aus erster Hand keine genauen Daten für die Ereignisse genannt,[317] obwohl das in einigen Sekundärtexten suggeriert wird.[318] Die Abläufe sind stattdessen aus den jeweiligen sprachlichen Formulierungen abzuleiten, die zum Teil Übertragungsfehlern unterliegen.[319]

316 Vgl. Wizisla 2015, S. 348. **Vermutlich aus dieser Angabe Freunds leitet Adorno in dem Brief an Scholem vom 8. Oktober 1940 den 23. September 1940 (ein Montag) als Tag der Morphiumeinnahme ab** (vgl. Adorno/Wizisla 2015 [1998/1940], S. 370; vgl. Wizisla 2015, S. 369. Zu Freunds Auskunft gegenüber Kesten vgl. auch I. Scheurmann/Exil 1992, S. 107, Fußnote 85. Dort auch die Fundstelle: Horkheimer Archiv, Nr. 218)**. Abgesehen von den veränderten Wochentagen bleibt der Ablauf aber mit den anderen Quellen identisch: Ankunft am Abend und angedrohte Rückführung am nächsten Morgen, Suizidversuch Benjamins noch am Ankunftsabend und sein Tod am Abend des Folgetages. Begräbnis dann am Nachmittag des dritten Tages, als Freund mit Birman, deren Schwester und Lippmann „schon im Zug nach Barcelona waren".** (Zit. nach I. Scheurmann/Exil 1992, S. 107, Fußnote 85, sowie Wizisla 2015, S. 348.)

317 **Das anonyme Typenskript, welches keine Quelle aus erster Hand darstellt, aber auf zeitnahen Zeuginnenaussagen unmittelbar nach dem Geschehen zurückgeht, nennt das mutmaßlich korrekte Datum des 25. Septembers 1940 als Tag des Grenzübertritts von Benjamin** (vgl. Anonym/Wizisla 2015 [1940], S. 345)**. Von einer Übernachtung Benjamins in den Bergen ist dort nicht die Rede.**

318 **Z.B. in den beiden großen Biografien** (vgl. Palmier 2009, S. 612, und Eiland/Jennings 2014, S. 675)**.**

319 **Wie z.B. die Abschrift von Henny Gurlands Brief, deren Erstabdruck bei Scholem sich von der Version im Passagen-Werk-Apparat von Tiedemann und in der Folge bei Wizisla unterscheidet** (siehe Anmerkungen 160 und 200 hier in diesem Text; vgl. Gurland/Scholem 2016

Datumsangaben, die sich im Übrigen nicht widersprechen, finden sich dann in den offiziellen Amtspapieren.[320]

10. Offen ist die Frage nach dem Verbleib eines Manuskriptes und ob es überhaupt eines in diesem Ausmaß gab. So unbeweisbar wie unwiderlegbar ist Scholems Annahme, Henny Gurland habe das Manuskript aus Angst um sich und ihren Sohn ebenso wie Benjamins „Abschiedsbrief" vernichtet.[321] Das dritte Szenario ist die amtliche Zerstörung des Manuskripts ca. 1975 gemeinsam mit der Aktentasche, die man vielleicht bis dahin noch hätte in den Asservaten von Figueras auffinden können. Eher unwahrscheinlich, aber im Hinblick auf eine Andeutung Henny Gurlands nicht ausgeschlossen, ist die Übersendung von eventuell ihr (und nicht Benjamin) zugeordneter Unterlagen an das US-amerikanische Konsulat in Barcelona. Schließlich könnte die Kopie der Akte des Stadtrichters von Port-Bou, die dem Gericht in Figueras vorgelegen haben muss und – wie Tiedemann hoffte[322] –

[1940/1975], S. 280; Gurland/Tiedemann 1983 [1940], S. 1196; Gurland/Wizisla 2015 [1940], S. 353.)

320 Vgl. die Dokumente in: I. Scheurmann/Neue Dok. 1992 sowie den Brief des Grenzkommissariats im von Tiedemann besorgten Passagen-Werk-Apparat: Sols 1983 [1940], S. 1197 f. Vgl. außerdem den Totenschein in Puttnies/Smith 1991, S. 31, und die bei Cussó-Ferrer 1992, S. 161, 162 und 165 reproduzierten Eintragungen ins Sterberegister der Kirchengemeinde und die Grabnischenbelegungsregister.

321 Vgl. Scholem/Merkur 1982, S. 37.

322 Vgl. Tiedemann 1983, S. 1200.

vielleicht noch weitere Papiere enthält, in ein anderes Archiv eingegangen sein: Das Grenzkommissariat zitierte aus der Akte in dem Brief an Max Horkheimer und hat sie vielleicht nicht wieder an das Gericht zurücküberstellt.

Die Unschärfe und das Echo

Statt von Widersprüchen ist nach all dem besser von einem „Phänomen der Unschärfe" zu sprechen. Walter Benjamin kommt dabei nicht zu Wort, nur Ableitungen sind zu lesen. Vergessene Zettel in Archiven, anonyme Typoskripte, Hörensagen – für seine letzten Tage sind Rekonstruktionen nötig, 80 Jahre lang zusammengetragene Brieffragmente, mündliche Erzählungen, schon damals rekonstruierte, da vernichtete Schreiben, spät gefundene Amtspapiere, erst nach Jahrzehnten veröffentlichte Lebenserinnerungen anderer, die alles Vorherige in neuem Licht erscheinen lassen.

Die Begleiterinnen kommentieren Benjamins Tun, den Rahmen seines Ausdrucks und sein Schweigen. Lisa Fittko gibt vermeintlich wörtliche Zitate wieder, die sie 40 Jahre später erinnert hat. Der wiederentdeckte anonyme Bericht aus 1940 will seine letzten Worte kennen: „Wieso lebe ich noch, ich müsste doch gestorben sein".[323] In dem Typoskript wurden in Lissabon die mündlichen Aussagen zweier seiner Begleiterinnen dokumentiert, aber weder der oder die Schreiber:in noch welche der Frauen genau die Berichterstatterinnen sind, ist bekannt. Sowohl Freunds als auch Gurlands

323 Anonym/Wizisla 2015 [1940], S. 346.

Briefauszüge sind nur in Abschriften vorhanden. Den von Gurland aus der Erinnerung rekonstruierten „Abschiedsbrief“ Benjamins gibt es nur in ihrer Handschrift. Hans Mayer gibt in eigenen Worten wieder, was er in der Postkarte las, die Benjamin von Port-Bou aus an die Institutsvertretung nach Genf geschickt hat.

Benjamins Sprechen in jenen Stunden ist ein textuelles Echo. Wo er vermeintlich selber „spricht“, muss seine Stimme durch einen medialen Hohlraum: andere Köpfe, andere Schriften, lebenslange Rückerinnerung. Schließlich stehen dem die Spuren gegenüber, die seine Leiche vor Ort in Amts- und Kirchenregistern hinterlassen hat. Wie bei Jeglichem, was uns über die Vermittlung dritter Stimmen, filternder Instanzen, technischer Apparaturen erreicht, verbleibt ein Residuum, das Interpretationen zulässt. Leichte Verschiebungen, kleine Ungereimtheiten, erzählerische Lücken, die in diesem Fall an Sach- und Faktenlage nicht viel ändern.

Da keine unmittelbar persönlichen Zeugnisse dieser Stunden im Original erhalten oder bekannt sind, scheint Benjamin dazu verurteilt, mit seiner Philosophie unentwegt sein eigenes Sterben deuten zu müssen. Doch so sehr im Zettelhaufen der anderen Benjamins Archiv- und Fragmentbegriffe aufzublitzen scheinen – die Spuren und Indizien bleiben den Begriffen völlig äußerlich. Sie haben nichts mit seinem Denken zu tun, was spätere Autor:innen nicht hinzugetragen hätten. Benjamins Entscheidung kann man als aktives Handeln in

dieser spezifischen Situation als für ihn rational und richtig anerkennen. Insofern aber dieses Sterben ein Produkt des Faschismus', des heraufziehenden Völkermords und der bürokratischen Instrumente ihrer Durchführung ist, bleibt es sinnlos ganz und gar. Dem einen „philosophischen" Sinn im Spiegel seines Denkens abgewinnen zu wollen, ist ein Betäubungsmittel.

Dennoch besteht ein Wechselverhältnis zwischen den Unklarheiten seines Todes und der *Überlieferung* seines Werks: eine produktive Unschärfe, die narrative, mythische Elemente enthält und damit die Voraussetzungen dafür schafft, dass sich Leute über so lange Zeiträume mit seinem Denken befassen. Sie konstituieren damit nicht nur ein über weite Strecken fragmentarisches Werk eines toten Autors, sondern diese Beschäftigung ist selbst ein historiografischer Prozess, der das vergangene Jahrhundert spiegelt. Die Zerstreuung des Benjamin-Werkes machte kontinuierliche Anstrengungen der Wiederzusammenführung und Sammlung nötig; die Suche nach der Aktentasche ist immer wieder Schreibanlass und Hoffnung auf den Scoop. So gibt es stets Leute, die diesen „Mythos" weiterschreiben. Sein Leben wie sein Werk bedürfen eines kontinuierlichen Prozesses der Rekonstruktion, der nur nötig ist, wenn Fragen offen bleiben. Selbst dem apokryphen Fluchtweg suchten Leute nach, heute gibt es den Wanderweg, wie „authentisch" der auch sei.

Von hier aus gibt es „topologische Effekte"; Tiedemanns eilige Reise in die Archive nach Figueras, Scholems Reise in die USA und die dortige Kontaktaufnahme mit Fittko, das internationale Nachstöbern nach Gurlands Biografie und schließlich nach der ihres Sohnes, Scheurmanns Recherchen im Zuge der Vorbereitung von Karavans Denkmal, Karavan und das Denkmal selbst, die Profanisierung des Fluchtweges als Wanderroute, die Suche nach Zeitzeug:innen und Filminterviews mit ihnen etc. Es sind Verbindungen des geografischen Raumes mit einer spezifischen Erzählung; und das Körperliche darin (zum Beispiel einer Nachwanderung, aber auch eines Interviews oder des Wartens auf einen Archivbestand, die Post, den Bus) ist das Medium der Aneignung von beidem, was stets bedeutet: diese Verbindung *herzustellen.*

Auch formal häuft die Geschichte an, was anzuhäufen ist, um größtmögliche erzählerische Energien freizusetzen:

- einen „Helden" und die Überschreitung zweier Schwellen: Die zweite Schwelle ist der Tod, der als Selbstermächtigung erscheint, aber eindeutig ist das nicht. Es bleiben
- Unklarheiten, wenn auch keine großen: „irgendetwas stimmt nicht", was bedeutet: Offenheit – die Geschichte ist unscharf genug, um mit eigener Erfahrung „aufgefüllt" zu werden. Das ist die Voraussetzung für Übertragungen – etwa in die Gegenwart.

- die Tragik des Geschehens: Es war knapp, es hätte auch anders kommen können.
- Ungerechtigkeit und Willkür: Niemand hat etwas davon, und Gerechtigkeit hätte nichts gekostet.
- Gegenentwürfe: selbstlose Solidarität (vom Bürgermeister aus Banyuls und seinen Helfer:innen, von Lisa Fittko) unter Gefahr für diese Leute.
- ein Rätsel: Wo ist das Manuskript und was stand drin?
- ein Puzzlewerk (aus vielen kleinen Einzelteilen), ein Labyrinth: Die Geschichte kostet Arbeit, also Anteilnahme.

Die Unschärfe ist die (Un-)Passform, die Unvereinbares vereint, Verhandlungen ermöglicht und Widersprüche aushaltbar. Die konstruktive Lücke ist insofern mit dem Fragment verwandt, als dass sie dessen Grenzen bildet. Sie ist der zu einem Spalt geweitete Schnitt. Der Prozess formiert den Spielraum, aus dem Gleichnisse erwachsen. Die Voraussetzung dafür ist das Ausschließen der Lüge und des Irrtums, das stets nur Annäherung bleibende Aussondern des faktisch Falschen. Daher rührt das Zwanghafte, nach immer neuen Dokumenten zu suchen, am Ende doch noch nach dem fehlenden Manuskript. Eine restlose Klärung wäre das Ende dieser Erzählung; die Wegkürzung, eine Löschung. So aber lässt die Verwaschung an den Rändern der vielen Nachrichtensplitter, deren Sammlung und

Sortierung seit 1940 andauert, kein fertiges Gebäude zu. Das Unbestimmte ist das Eigentliche, die Triebkraft eines nicht verendenden Rauschens, Trümmer auf Trümmer.

Das Fragmentarische als Form ist eigentlich ein Resultat der Unterbrechung, wie der Tod Benjamins einen Abschluss des Passagenwerkes unterbrach. Die Nichtabschließbarkeit lässt sich als inhärentes Wesensmerkmal eines solchen Projektes überhaupt betrachten. Die Ästhetik des Unfertigen, die im Verlauf des 20. Jahrhunderts noch ganz andere Wege nahm, ist nicht nur ein Ideal des Akzeptierens einer vom menschlichen Standpunkt her nicht mehr zu bewältigenden Komplexität. Sie ist ein Mittel, die Tatsache unfassbaren zivilisatorischen Elends zu ertragen.

Das alles ist auch eine europäische Erzählung: multilingual, die Briefe und Dokumente auf Französisch, Englisch, Spanisch, Deutsch. Die nächsten Jahre Briefverkehre zwischen Lissabon, New York, Jerusalem, Paris und Frankfurt/Main; Gespräche, Gerüchte, Flüsterpost; Gedichte und Romane. Auch eine Geschichte über Haltungen und deren Gefährdungen im Angesicht sozialer Katastrophen; über menschliche Schwächen, erzwungene Gemeinschaften, Solidarität und einen moralischen Konsens, wenn der nirgendwo mehr „mehrheitlich" ist; über die Banalität von Grenzregimen.

Es ist eine Fluchterzählung aus einer Zeit, in der halb Europa auf der Flucht war, in einer Zeit, in der die Menschen nach Europa flüchten. Eine

Geschichte über die Legitimität und Illegitimität von Stempeln und Transits, Visen und Aufenthaltstiteln, Leben und Sterben. Es geht nicht mehr allein um Walter Benjamin. Es geht darum, wie die uns nur abstrakt berührende gesellschaftliche Drift individuelle Betroffenheiten produziert. Sich dem Zugriff der Infrastrukturen dieser abstrakten Kräfte zu entziehen findet seine letzte Autonomie im Suizid – auch heute bringen sich Geflüchtete um. Mit der Fluchtgeschichte Walter Benjamins, der heute einen Namen hat, bleibt das Gedächtnis der Namenlosen wach, in „Ankerzentren", Geflüchtetenschiffen; Fleischfabriken, Warenlagern, Spargelstecherwohncontainern.

Stunden später spuckt mich der Berg auf eine Straße, direkt an eine Defibrillatorenstation. Wie bei der zerbrochenen Brille auf den Benjaminkacheln sehe ich nur noch Zeichen überall. Meine Freizeitkletterei – ist sie der Tatsache, dass es sich um einen Fluchtweg um Leben und Tod handelte, eigentlich angemessen? Nur konsequent, dass diese Wanderung scheitern musste, dass sich alles sträubte.

Unterhalb von Karavans „Passagen" eine weitere Tafel: 1994–2014, 20 Jahre Denkmal, am Felsen zwischen Friedhofsberg und Anglerbeton. Erinnerungstafeln für Erinnerungsmonumente, Schleifenbildung der Geschichte. Ich habe in Karavans Röhre auch von unten noch mal reingeschaut. Sie führt aus dem Felsen hinaus auf eine Hafenstraße. Bevor die Blicklinie auf die Bucht mit dem umspülten Felsen trifft,

überquert sie erst mal diese von oben unsichtbare Straße. Auf dem Weg zurück liegen Ausflugssegelboote, kleine Dinger. Eins schaukelt vor mir her und heißt „Angelus Novus". Angelus Novus? Hier in Portbou, wo sich die Schnittlinien europäischer Dramen treffen, hatte ich den Eindruck, dass von dem Drama Benjamins nur die Behörden etwas mitbekommen, weil so viele Zugereiste ständig Jahrestage begehen, auf dem Felsenfriedhof oben. Ab und an fließt Geld für die Beschilderung eines Wanderwegs. Die Jolle sieht nicht aus wie ein zu einem Jahrestag hier drapiertes Kunstprojekt; scheint auch zu klein für ein von Ferne hergesegeltes Literaturdozentenboot. Jemand ist im Bilde über Benjamins „Engel der Geschichte". Ein mit einem Alltagsbild in die Tiefe seines Werks weisender Fingerzeig. Angewurzelt stehe ich da.

Portbou von oben

Kein Dokument der Kultur ohne eines der Barbarei

Gedenktafel für ein Denkmal

Ein Sturm vom Paradiese her

Anhang

Literaturverzeichnis

Die hier aufgelisteten Quellen beinhalten zum Teil verschiedene Versionen desselben Textes in unterschiedlichen Ausgaben oder in Übersetzungen. Insofern es relevant ist, auf welche Edition oder Übersetzung referiert wird, stehen am Ende der Quellenangabe ggf. die Kürzel in eckigen Klammern, unter denen ich in meinem Text auf sie verweise. Die Langtitel werden in den Anmerkungen nur dort angegeben, wo die jeweiligen Hauptquellen eingeführt werden bzw. wo es von besonderem inhaltlichen Interesse ist. Die Jahreszahlen in eckigen Klammern bezeichnen das Entstehungsjahr oder/und das Jahr der Erstveröffentlichung des Originals. Gelegentliche Wiederholungen und Redundanzen im Anmerkungsteil erklären sich aus dem Bemühen, die jeweils wichtigen Teilaspekte einer Information kenntlich zu machen und größtmögliche Eindeutigkeit herzustellen.

— THEODOR W. ADORNO: Zu Benjamins Gedächtnis. In: Aufbau. American Jewish Weekly in German. 18. Oktober 1940, S. 7.

— THEODOR W. ADORNO: Zwei Briefe an Gershom Scholem, 1940. In: Erdmut Wizisla (Hg.): Begegnungen mit Walter Benjamin. Leipzig 2015 [1940], S. 369–374.

— THEODOR W. ADORNO, WALTER BENJAMIN: Briefwechsel 1928–1940. Herausgegeben von Henri Lonitz. Frankfurt/Main 1994.

— ANONYM: Bericht über einen Grenzübertritt von Frankreich nach Spanien, 3. Oktober 1940. In: Erdmut Wizisla (Hg.): Begegnungen mit Walter

Benjamin. Leipzig 2015 [1940], S. 344–347. [Anonym/Wizisla]

— ANONYM: Flight described by Feuchtwanger. American 'Kidnapped' Him, Gave Him Women's Clothes to Escape Nazis. In: The New York Times, Sonntag, 6. Oktober 1940, S. 38.

— ANONYM: Scientist Suicide in Spain. Many Refugees Believed Victims of Mountain Gangs. In: Aufbau. American Jewish Weekly in German. 11. Oktober 1940, S. 3.

— HANNAH ARENDT: Brief an Gershom Scholem, 17. Oktober 1941. In: Erdmut Wizisla (Hg.): Begegnungen mit Walter Benjamin. Leipzig 2015 [1941], S. 322–327. [Arendt/Wizisla]

— HANNAH ARENDT: Walter Benjamin: I. Der Bucklige; II. Die finsteren Zeiten; III. Der Perlentaucher. In: Merkur. Deutsche Zeitschrift für Europäisches Denken, Nr. 238, 239, 240, Januar/Februar – April 1968. Online verfügbar unter: www.merkur-zeitschrift.de/hannah-arendt-walter-benjamin-i [letzter Zugriff 21.08.2020].

— MAX ARON: Der Jüngling und der Meister. In: Erdmut Wizisla (Hg.): Begegnungen mit Walter Benjamin. Leipzig 2015 [1977/2000], S. 262–270.

— WALTER BENJAMIN: Das Passagen-Werk. Erster und Zweiter Band. Gesammelte Schriften Band V/1 und V/2. Herausgegeben von Rolf Tiedemann. Frankfurt/Main 1983. [GS V/1; GS V/2]

— WALTER BENJAMIN: Über den Begriff der Geschichte [1940]. In: Ders.: Gesammelte Schriften, Band I/2: Abhandlungen. Herausgegeben von Rolf

Tiedemann und Hermann Schweppenhäuser. Frankfurt/Main 2019, S. 691–704. [GS I/2]

— CARINA BIRMAN: The Narrow Foothold. London 2006 [geschrieben 1975]. [Birman/Foothold]

— CARINA BIRMAN: Müde der Verfolgung. Übersetzt von in-translations, Dresden. In: Erdmut Wizisla (Hg.): Begegnungen mit Walter Benjamin. Leipzig 2015 [1975/2006], S. 357–368. [Birman/Wizisla]

— MOMME BRODERSEN: Walter Benjamin. Leben, Werk, Wirkung. Frankfurt/Main 2005.

— SUSANNE BUCK-MORSS: Dialektik des Sehens. Walter Benjamin und das Passagen-Werk. Frankfurt/Main 1993.

— CHRISTIAN BUCKARD: Arthur Koestler. Ein extremes Leben 1905–1983. München 2004.

— CHRISTIAN BUCKARD: „Habe ganz vergessen, warum ich mich eigentlich umbringe." Arthur Koestlers bislang unveröffentlichtes Suizid-Protokoll, Lissabon 1940. In: Freitag, 08. September 2006. Online verfügbar unter www.freitag.de/autoren/der-freitag/habe-ganz-vergessen-warum-ich-mich-eigentlich-umbringe [letzter Zugriff 02.09.2020].

— CHRISTIAN BUCKARD: „Wir nannten ihn ‚Waldgeist'". Interview von Christian Buckard mit Lore Krüger. In: Jüdische Allgemeine, 16. November 2006. Online verfügbar unter www.juedische-allgemeine.de/allgemein/wir-nannten-ihn-waldgeist [letzter Zugriff 02.09.2020].

— HOWARD CAYGILL: Testimonies to a death. In: Carina Birman: The Narrow Foothold. London 2006, S. 19–21.
— CARLES S. COSTA: Zwischen Nazis und Franquisten. Walter Benjamin in der Falle. Aus dem Katalanischen übersetzt von Ute Heinemann. [Übersetzung des Originals vom 27. Juli 1979 in der katalanischen Zeitung „Punt Diari".] In: Ulrich Ott (Hg.): Walter Benjamin 1892–1940. Marbacher Magazin 55/1990 für die Ausstellung des Theodor W. Adorno Archivs Frankturt am Main im Schiller Nationalmuseum Marbach am Neckar und im Literaturhaus Berlin. Bearbeitet von Rolf Tiedemann, Christoph Gödde, Henri Lonitz. Marbach am Neckar 1990, S. 349–352.
— MANUEL CUSSÓ-FERRER: Walter Benjamins letzte Grenze. Sequenzen einer Annäherung. In: Ingrid und Konrad Scheurmann (Hg.): Für Walter Benjamin. Frankfurt/Main 1992, S. 158–165.
— KATHY DUGGAN: Notes on individuals. In: Carina Birman: The Narrow Foothold. London 2006, S. 22–28.
— KATHY DUGGAN, HOWARD CAYGILL: Introduction. In: Carina Birman: The Narrow Foothold. London 2006, S. viii.
— HOWARD EILAND, MICHAEL W. JENNINGS: Walter Benjamin. A Critical Life. Cambridge, London 2014.
— HOWARD EILAND, MICHAEL W. JENNINGS: Walter Benjamin. Eine Biographie. Übersetzt von Ulrich Fries und Irmgard Müller. Berlin 2020.

- JUSTUS FETSCHER: Nach Port Bou. Walter Benjamin in der Literatur. In: Literaturkritik.de, Ausgabe Nr. 9, September 2006. Online unter: www.literaturkritik.de/id/9898 [letzter Zugriff 22.08.2020].
- LISA FITTKO: The Story of Old Benjamin. [Aufgezeichnet November 1980.] In: Rolf Tiedemann (Hg.): Zeugnisse zur Entstehungsgeschichte. In: Walter Benjamin: Das Passagen-Werk. Zweiter Band. Frankfurt/Main 1983 [1980], S. 1184–1194. [Fittko/Tiedemann]
- LISA FITTKO: „Der alte Benjamin". Flucht über die Pyrenäen. Aus dem Englischen übersetzt von Christoph Groffy. In: Merkur. Deutsche Zeitschrift für Europäisches Denken, Nr. 403, Januar 1982, S. 35–49. [Fittko/Merkur]
- LISA FITTKO: Mein Weg über die Pyrenäen. Erinnerungen 1940/41. München 2015 [1985]. [Fittko/Pyrenäen]
- GISÈLE FREUND: Nur ein armer Flüchtling. In: Erdmut Wizisla (Hg.): Begegnungen mit Walter Benjamin. Leipzig 2015, S. 239–242.
- GRETE FREUND: Auszug eines Briefes an einen unbekannten Adressaten, Lissabon am 9.10.1940 (Französisch). In: Rolf Tiedemann (Hg.): Zeugnisse zur Entstehungsgeschichte. In: Walter Benjamin: Das Passagen-Werk. Zweiter Band. Frankfurt/Main 1983 [1940], S. 1194 f. [Gr. Freund/Tiedemann]
- GRETE FREUND: Brief an eine unbekannte Person, 1940 (Übersetzung aus dem Französischen). In: Erdmut Wizisla (Hg.): Begegnungen mit Walter

Benjamin. Leipzig 2015 [1940], S. 348–350. [Gr. Freund/Wizisla]
— VARIAN FRY: Auslieferung auf Verlangen. München, Wien 1986 [1945].
— HENNY GURLAND: Aus einem Brief von Frau Gurland vom 11. Oktober 1940. In: Gershom Scholem: Walter Benjamin – die Geschichte einer Freundschaft. Berlin 2016 [1940/1975], S. 279–281. [Gurland/Scholem]
— HENNY GURLAND: Auszug eines Briefes an A.[rkadi] Gurland, Lissabon am 11.10.1940. In: Rolf Tiedemann (Hg.): Zeugnisse zur Entstehungsgeschichte. In: Walter Benjamin: Das Passagen-Werk. Zweiter Band. Frankfurt/Main 1983 [1940], S. 1195 f. [Gurland/Tiedemann]
— HENNY GURLAND: Wo mich niemand kennt. In: Erdmut Wizisla (Hg.): Begegnungen mit Walter Benjamin. Leipzig 2015 [1940], S. 351–353. [Gurland/Wizisla]
— RICHARD HEINEMANN: Lisa Fittko zu Walter Benjamins Flucht. Ein Interview von Richard Heinemann mit Lisa Fittko. In: Ingrid und Konrad Scheurmann (Hg.): Für Walter Benjamin. Frankfurt/Main 1992, S. 142–157.
— LORENZ JÄGER: Walter Benjamin. Das Leben eines Unvollendeten. Berlin 2017.
— KERSTEN KNIPP: Paris unterm Hakenkreuz. Frankreich zwischen Alltag und Ausnahmezustand. Darmstadt 2020.
— ARTHUR KOESTLER: Suizid-Protokoll. In: Christian Buckard: „Habe ganz vergessen, warum ich mich

eigentlich umbringe.“ Arthur Koestlers bislang unveröffentlichtes Suizid-Protokoll, Lissabon 1940. In: Freitag, 08. September 2006. Online verfügbar unter www.freitag.de/autoren/der-freitag/habe-ganz-vergessen-warum-ich-mich-eigentlich-umbringe [letzter Zugriff 02.09.2020]. [Koestler/Suizid-Protokoll]
— ARTHUR KOESTLER: Scum of the Earth. London 2006 [1941]. [Koestler/Scum]
— ARTHUR KOESTLER: The Invisible Writing. Danube Edition (ohne Ort) 1969 [1954]. [Koestler/Writing]
— ARTHUR KOESTLER: Abschaum der Erde. Autobiografische Schriften. Zweiter Band. Übersetzt von Franziska Becker und Heike Curtze. Frankfurt/Main 1993. [Diese Bearbeitung zuerst 1971, mit einem editorischen Kommentar von Arthur Koestler vom Januar 1970, S. 463 f.] [Koestler/Abschaum]
— LORE KRÜGER: Der Waldgeist aus der Rue Dombasle 10. Aus einem Interview von Christian Buckard mit Lore Krüger 2006. In: Erdmut Wizisla (Hg.): Begegnungen mit Walter Benjamin. Leipzig 2015, S. 249–252.
— HELMUT NIEMEYER: Gift und Grab im Schatten der Pyrenäen. Walter Benjamins Tod auf der Flucht 1940 in Port Bou. In: Die Zeit Nr. 40/1979, 28. September 1979. Online verfügbar unter: www.zeit.de/1979/40/gift-und-grab-im-schatten-der-pyrenaeen [letzter Zugriff: 12.11.2020].
— ULRICH OTT (HG.): Walter Benjamin 1892–1940. Marbacher Magazin 55/1990 für die Ausstellung

des Theodor W. Adorno Archivs Frankfurt am Main im Schiller-Nationalmuseum Marbach am Neckar und im Literaturhaus Berlin. Bearbeitet von Rolf Tiedemann, Christoph Gödde, Henri Lonitz. Marbach am Neckar 1990.

— JEAN-MICHEL PALMIER: Walter Benjamin. Leben und Werk. Lumpensammler, Engel und bucklicht Männlein. Ästhetik und Politik bei Walter Benjamin. Frankfurt/Main 2009.

— HANS PUTTNIES, GARY SMITH (HG.): Benjaminiana. Eine biografische Recherche. Gießen 1991.

— NATHALIE RAOUX, IRVING WOHLFARTH: Zu Walter Benjamins Tod. Legenden, Ungewissheiten, dialektische Bilder. In: Naharaim. Zeitschrift für deutsch-jüdische Literatur und Kulturgeschichte, Band 2, Heft 1, Dezember 2008, S. 106–157.

— HANS SAHL: Walter Benjamin im Lager. In: Ingrid und Konrad Scheurmann (Hg.): Für Walter Benjamin. Frankfurt/Main 1992 [1966], S. 114–127.

— INGRID SCHEURMANN: Neue Dokumente zum Tode Walter Benjamins. Herausgegeben vom Arbeitskreis selbständiger Kultur-Institute e.V. AsKI, Bonn, und der Gemeinde Portbou. Übersetzt von Rafael de la Vega. Bonn 1992. [I. Scheurmann/Neue Dok.]

— INGRID SCHEURMANN: Als Deutscher in Frankreich. Walter Benjamins Exil 1933–1940. In: Ingrid und Konrad Scheurmann (Hg.): Für Walter Benjamin. Frankfurt/Main 1992, S. 75–113. [I. Scheurmann/Exil]

— INGRID UND KONRAD SCHEURMANN (HG.): Für Walter Benjamin. Dokumente, Essays und ein

Entwurf. Frankfurt/Main 1992. [I. & K. Scheurmann/Für WB]
— INGRID UND KONRAD SCHEURMANN: Dani Karavan zum Gedenkort „Passagen“ für Walter Benjamin. Ein Interview von Ingrid und Konrad Scheurmann. In: Dies. (Hg.): Für Walter Benjamin. Frankfurt/Main 1992, S. 265–277. [I. & K. Scheurmann/Karavan]
— KONRAD SCHEURMANN: Grenzen, Schwellen, Passagen. Zu Dani Karavans Entwurf eines Gedenkortes für Walter Benjamin. In: Ingrid und Konrad Scheurmann (Hg.): Für Walter Benjamin. Frankfurt/Main 1992, S. 249–264. [K. Scheurmann/Passagen]
— WILFRIED F. SCHOELLER: Ende in Blau. Portbou, die letzte Grenze Walter Benjamins. In: Ders.: Deutschland vor Ort. Geschichten, Mythen, Erinnerungen. München, Wien 2005, S. 273–289.
— DETLEV SCHÖTTKER: Konstruktiver Fragmentarismus. Form und Rezeption der Schriften Walter Benjamins. Frankfurt/Main 1999.
— GERSHOM SCHOLEM: Walter Benjamin – die Geschichte einer Freundschaft. Berlin 2016 [1975]. [Scholem/Freundschaft]
— GERSHOM SCHOLEM: Walter Benjamin. The Story of a Friendship. Philadelphia 1981.
— GERSHOM SCHOLEM: Vorrede zu Lisa Fittko: „Der alte Benjamin“. In: Merkur. Deutsche Zeitschrift für Europäisches Denken, Nr. 403, Januar 1982, S. 35–37. [Scholem/Merkur]
— ANNA SEGHERS: Transit. Berlin, Weimar 1970 [1948].

- ANTONIO SOLS: Brief im Auftrag der Generaldirektion der Sicherheitspolizei, Grenzkommissariat, Figueras (Gerona) Spanien, Chefkommissar, an Max Horkheimer am 30. Oktober 1940. Spanisch/Deutsch. In: Rolf Tiedemann (Hg.): Zeugnisse zur Entstehungsgeschichte. In: Walter Benjamin: Das Passagen-Werk. Zweiter Band. Frankfurt/Main 1983 [1940], S. 1197 f.
- ANDREAS STROBL: Wieso lebe ich noch? Die letzten Worte von Walter Benjamin: Der Bericht eines anonymen Augenzeugen über die Flucht nach Spanien. In: Frankfurter Allgemeine Zeitung 207/2000, 06. September 2000, Seite N 6.
- MICHAEL TAUSSIG: Walter Benjamins Grab. Schönheit, Tod, Namenlosigkeit – Profane Illuminationen in Portbou. In: Lettre International Nr. 079, Winter 2007, S. 72–78.
- ROLF TIEDEMANN (HG.): Zeugnisse zur Entstehungsgeschichte. In: Walter Benjamin: Das Passagen-Werk. Zweiter Band. Gesammelte Schriften V/2. Frankfurt/Main 1983, S. 1081–1205.
- V. W.: Ernst Weiss tot. In: Aufbau. American Jewish Weekly in German. 18. Oktober 1940, S. 7.
- ERDMUT WIZISLA (HG.): Begegnungen mit Walter Benjamin. Leipzig 2015.
- ERDMUT WIZISLA: Benjamins Todesnachricht. War es die reine Häme? In: Frankfurter Allgemeine Zeitung, 26. September 2020. Online verfügbar unter www.faz.net/aktuell/feuilleton/walter-benjamins-todesnachricht-im-stuermer-16971233.html [letzter Zugriff: 09.10.2020].

Filme und Radiofeature

— MICHAEL FARIN, KATRIN SEYBOLD, CATHERINE STODOLSKY: Lisa Fittko, Chicago 2000. Bayerischer Rundfunk 2006. [Hörfunkfeature]
— ALEXANDER KLUGE: Interview mit Manuel Cussó-Ferrer. News & Stories vom 11.05.1992: „Die Toten gehören niemand." Zum 100. Geburtstag von Walter Benjamin. Online unter www.dctp.tv/filme/die-toten-gehoeren-niemand-news-stories-11-05-1992 [letzter Zugriff 30.09.2020]
— DAVID MAUAS (REGIE): Who killed Walter Benjamin... Spanien, Niederlande 2005. [Dokumentarfilm]
— HUBERTUS SIEGERT (REGIE, DREHBUCH, PRODUKTION): Berlin Babylon. Deutschland 2001. [Dokumentarfilm]

Internetquellen

— www.annuaire-mairie.fr/ancien-maire-banyuls-sur-mer.html [letzter Zugriff 04.09.2020]
— www.bundesarchiv.de/nachlassdatenbank [letzter Zugriff 11.12.2020]
— www.dctp.tv/filme/die-toten-gehoeren-niemand-news-stories-11-05-1992 [letzter Zugriff 30.09.2020]
— www.faz.net/aktuell/feuilleton/walter-benjamins-todesnachricht-im-stuermer-16971233.html [letzter Zugriff: 09.10.2020]
— www.freitag.de/autoren/der-freitag/habe-ganz-vergessen-warum-ich-mich-eigentlich-umbringe [letzter Zugriff 02.09.2020]

- www.historia-viva.net/de
  Multimediales Projekt und Smartphone-App
  zum Walter-Benjamin-Weg
  [letzter Zugriff 21.08.2020]
- www.imj.org.il/en/collections/199799?itemN
  um=199799
  Paul Klees „Angelus Novus“ im Israel Museum,
  Jerusalem [letzter Zugriff: 25.10.2020].
- www.juedische-allgemeine.de/allgemein/wir-
  nannten-ihn-waldgeist
  [letzter Zugriff 02.09.2020]
- www.literaturkritik.de/id/9898
  [letzter Zugriff 22.08.2020]
- www.merkur-zeitschrift.de/hannah-arendt-walter-
  benjamin-i
  [letzter Zugriff 21.08.2020]
- www.zeit.de/1979/40/gift-und-grab-im-schatten-
  der-pyrenaeen
  [letzter Zugriff: 12.11.2020]

Danke an Marie-Eve Levasseur, Susanne Brehm, Gerhard Waltz, Yvonne Anders und Pedro Carnicer Orueta für die Hilfe bei den Übersetzungen aus dem Französischen und aus dem Spanischen. Danke an Anna Leyrer und Olivia Golde für die Hilfe bei der Literaturbeschaffung. Danke an Christian Buckard, Ursula Marx und Erdmut Wizisla für ihre Hinweise. Danke an Anna Kow, Benjamin Schweitzer und Thomas Jez für die kritische Lektüre. Danke an Josephine Lüttich für die medizinische Beratung. Danke an Reymund Schröder für die Gestaltung. Danke an Markus Reinhold für das „Bernsteinzimmer der Philosophie“.

Impressum
Marcel Raabe
Die letzten Stunden Walter Benjamins

Trottoir Noir, Skizzenbücher #13
1. Auflage, Leipzig 2021
ISBN 978-3-945849-16-3

Erschienen bei Trottoir Noir

Henriettenstraße 7
04177 Leipzig
www.trottoirnoir.de
info@trottoirnoir.de

Fotos Marcel Raabe

Gestaltung Reymund Schröder
Gesetzt in der *Algebra* und in der *Review* von *Commercialtype.*

Die Gestaltung dieses Buches wurde ermöglicht durch ein *Denkzeit-Stipendium* der Kulturstiftung des Freistaates Sachsen.